SOMMAIRE

INTRODUCTION

Il y a quelques années, j'ai conceptualisé le principe du management bienveillant dans *Mon boss est nul, mais je le soigne*. En 2017, cette notion intriguait, faisait sourire parfois. Puis, l'idée a fait son chemin en entreprise, et on a parlé de la bienveillance au travail comme d'une mode, sympathique, certes, mais une mode. Et même s'il a continué d'exister des sceptiques – ce principe supposant que la performance est proportionnelle au degré de bienveillance dont l'entreprise peut faire preuve envers ses salariés –, la mode n'est pas passée.

Alors, quand en 2020 la pandémie est arrivée, ce fut un choc planétaire. Pour la première fois depuis le début de l'économie « moderne », l'écrasante majorité de nos démocraties plaçait l'humain au-dessus de la raison économique. Pour la première fois, nos dirigeants considéraient qu'il était plus important de sauver des vies que de faire des profits. Jamais on n'aurait imaginé un tel acte de bienveillance globale. « Quoi qu'il en coûte » avait même dit le président Macron.

Qu'est-ce donc que la bienveillance, si ce n'est de mettre les intérêts d'autrui au-dessus de ses intérêts propres, en tout cas en première intention ? Nous, citoyens, avons pris pendant cette crise sanitaire la plus grande leçon de bienveillance de notre vie. Nous n'en connaîtrons probablement pas d'autres à si vaste échelle.

Le regard que nous portons désormais sur les métiers « invisibles » a changé : éboueurs, agents de caisse, postiers, infirmiers, égoutiers... Tous ces travailleurs de l'ombre sont devenus, le temps d'un confinement, des héros. Nos entreprises n'ont également pas eu d'autre choix que de prendre soin de notre santé ; oui, la valeur humaine était pour la première fois la chose la plus importante dans un monde capitaliste que l'on qualifie souvent de déshumanisé et de déshumanisant.

Et c'est pendant cette période que j'ai réalisé que le management bienveillant n'était plus tout à fait le même que celui que j'avais décrit il y a quelques années.

Le monde a changé, celui de l'entreprise aussi. Oui, il y aura un monde d'après. Les personnes qui imaginent que, une fois la pandémie disparue, nous reviendrons au monde d'avant se trompent lourdement. Paradoxalement, cette période aura fait prendre conscience à de nombreux employés que le bien-être, que l'équilibre vie privée/vie professionnelle étaient importants. Elle aura imposé des changements d'habitudes et de comportements, lesquels, à mesure que la pandémie reculera, resteront des avantages acquis.

L'exigence d'un management bienveillant dans les entreprises est devenue une réalité bien concrète. Ces dernières ont mesuré que sans lui le désengagement des salariés était incroyablement fort pendant le confinement. Petit à petit, les managers ont été formés au management à distance ; petit à petit, les entreprises se sont souciées du bien-être psychologique et physique de leurs salariés. Elles ont multiplié les enquêtes internes et ont, enfin, écouté leurs employés.

Depuis des années, les salariés réclamaient du travail à distance sans que les entreprises y prêtent attention. Alors, si le télétravail a eu parfois un goût amer pendant le confinement, il a permis de changer la recette du travail en France, pays numéro deux mondial du burn-out. Il n'y aura pas de retour en arrière de ce point de vue là. Quelle entreprise pourrait aujourd'hui dire à ses salariés que le télétravail n'est pas envisageable ?

L'idée de ce livre est non seulement de vous présenter le management tel qu'il sera dans les années à venir, mais également de donner des conseils aux managers afin d'accompagner au mieux leurs collaborateurs à l'ère du numérique. En effet, nombre de paradigmes ont changé. La pandémie a agi tel un gigantesque accélérateur de tendances. Avant 2020, un grand nombre d'entreprises avaient recruté des directeurs et des directrices de la transformation numérique ; aucun d'eux n'avait imaginé devoir opérer des mutations à si grande échelle en quelques jours. La « transformation » numérique s'est muée en « révolution » numérique tant il a fallu agir vite.

Non, il ne s'agit pas ici de faire des prédictions ni de vous présenter de grandes théories tout droit sorties de mon imagination. Depuis des années, j'ai la chance d'être en contact avec un grand nombre de dirigeants et de managers… mais aussi de collaborateurs qui me font part de leurs attentes. Je ne suis qu'un observateur du monde de l'entreprise, rien de plus. Ce que vous lirez dans ces lignes, d'une certaine manière, ce sont vos collègues, vos managers et vos équipes qui l'ont écrit.

1

LA NOUVELLE PLACE DU MANAGER

LE MANAGEMENT PAR L'HUMILITÉ

Au siècle dernier, l'image valorisée du manager était celle d'un manager froid, distant, plus proche de Terminator que du Bisounours… Le capitalisme légitimait tout. Si nous prenons un petit peu de recul, ce modèle économique avait fini par tout expliquer, tout excuser, y compris le pire ; il a fallu attendre 2008, et la vague de suicides chez Renault et France Télécom, pour que l'on réalise enfin que non, mourir pour son travail, ce n'est pas normal.

Les politiques de la qualité de vie au travail (QVT) ont commencé à prendre tout leur sens à cette époque dans les pays très en retard sur ces sujets. Les pays nordiques sont généralement des exemples du point de vue de la qualité de vie au travail. En Suède, par exemple, l'équilibre vie privée/vie professionnelle est beaucoup plus qu'un concept : c'est un art de vivre grâce à la règle des trois-huit que tous les Suédois appliquent :

- huit heures pour le travail,
- huit heures pour la vie personnelle,
- huit heures pour le sommeil.

Oui, cela fait rêver ! Cependant, changer les comportements ne se fait pas en un claquement de doigts. Passer du concept de manager tout-puissant à celui de manager bienveillant, processus déjà engagé dans certaines entreprises, prendra des années ! Quand celui-ci est apparu en 2017, le fait d'assumer et de revendiquer être bienveillant était encore original. Mais le désir des équipes d'être managées de cette façon était bien perceptible.

Finalement, de plus en plus de managers et d'entreprises ont adopté ce mode de management qui suppose de mettre l'humain au centre de toute chose. Je l'expliquais en 2019 dans mon livre *Les 10 commandements de la bienveillance en entreprise* et en résumais ainsi les grands principes :

1. Poli(e) tu seras
2. Empathique tu seras
3. Disponible tu te rendras
4. Ponctuel(le) tu seras

5. Sourire tu devras
6. Fiable tu seras
7. Positif(ve) tu seras
8. Exemplaire tu seras
9. Ton calme tu garderas
10. Écouter tu sauras

Pour autant, l'humilité ne faisait pas partie de ces 10 commandements ; la performance purement économique et le mode de management orienté vers les résultats étaient encore au cœur de toutes les préoccupations.

Puis 2020 est arrivé. Du jour au lendemain, la performance économique est passée au second plan aux yeux du monde. Le manager qui compte n'est plus tant celui dont l'équipe remplit ses objectifs chiffrés que celui qui réussit à prendre soin de ses collaborateurs, à les motiver malgré la distance, à faire en sorte que chaque maillon de la chaîne puisse trouver un sens à son travail malgré la situation mondiale traumatisante. Le « moi je » a été remplacé par le « nous ». Impossible de gérer une équipe comme un manager, aussi bienveillant soit-il, le faisait avant 2020. L'économie a connu la révolution industrielle, puis la révolution numérique… Voici venu le temps de l'économie post-Covid, et du management qui va avec.

DE L'OBJECTIF DE CARRIÈRE À LA VOCATION

Le manager bienveillant 2.0 se doit d'être humble, il assume ses doutes et ses faiblesses, ce qui l'aide à accepter celles de ses collaborateurs. L'humilité, ce n'est pas d'oublier sa position hiérarchique, c'est de ne pas avoir à l'utiliser pour légitimer son rôle.

L'HUMILITÉ EST LE CONTREPOISON DE L'ORGUEIL.

Voltaire

Devenir manager a pendant longtemps été un objectif de carrière, une sorte de consécration pour tout salarié ; ce n'est plus le cas pour la majorité des jeunes générations. Selon une étude de l'observatoire Cegos réalisée en 2019, 66 % des 1 025 salariés de moins de 30 ans interrogés n'ont pas pour ambition de devenir managers. Et selon une étude réalisée en septembre 2021 par le site Internet Indeed, 20 % des managers ne veulent plus exercer cette fonction, proportion qui monte à 25 % chez les femmes et à 27 % chez les 35-49 ans. Pourquoi ? En raison des difficultés liées à la crise sanitaire, du stress généré par celle-ci, ou encore des responsabilités qui ont augmenté pendant cette période.

Contrairement à ce que l'on peut imaginer, si devenir manager attire moins, ce n'est pas parce que le métier est moins « sexy » qu'avant, mais parce qu'il n'est plus perçu comme le seul moyen de réussir sa carrière professionnelle. Le statut de cadre, créé après la Seconde Guerre mondiale, était lié à cette notion d'encadrement. Il a bien fait entrer dans l'inconscient collectif que devenir manager était un aboutissement, la preuve d'une réussite sociale.

C'EST VOUS QUI LE DITES

« L'humilité, quand on est manager, c'est contre-productif. Il faut que notre équipe nous admire pour qu'elle puisse donner le meilleur d'elle-même. »

Alain, directeur commercial

« Si ma boss était moins prétentieuse et arrogante, je pense que j'oserais plus présenter mes idées. Le problème des managers prétentieux, c'est qu'ils ne se rendent pas compte à quel point ils nous brident. »

Annie, chef de produit

« Je ne comprends pas pourquoi certains managers pensent qu'ils seront plus crédibles en écrasant leur équipe. Nous travaillons tous pour la même cause et nous avons tous la même importance. Si une personne est défaillante, c'est toute l'équipe qui plonge... non ? »

Francès, expert-comptable

L'étude Cegos évoquée plus tôt montre que les jeunes générations ont vu leurs parents prendre de plein fouet la crise économique de 2008. Le statut de manager n'a alors pas joué un rôle de protection. La crise que nous venons de traverser a mis, elle, un autre point en exergue : le stress généré par le fait d'être manager est-il justifié dans mon quotidien ? 20 % des personnes interrogées semblent répondre « non ».

Devenir manager n'est plus un objectif de carrière, ou, en tout cas, il l'est moins qu'auparavant ; devenir manager répond à une envie, à un besoin d'exercer des responsabilités que l'on sait pouvoir assumer. Combien de managers de l'ancienne génération le sont plus devenus par obligation sociale que par envie profonde ? Le manager n'est plus admiré ni craint uniquement du fait de sa position. La pyramide en haut de laquelle il se trouvait au siècle dernier s'est transformée en un cercle où chaque élément est essentiel. Ce n'est pas le titre ou la fonction qui inspire le respect, c'est le comportement, l'humain et la réalité de ce qui est fait, de façon concrète.

La pandémie aura changé notre regard sur certains métiers, et sans aucun doute sur le nôtre. Le Covid-19 nous aura renvoyés à la condition qui est la nôtre : notre humanité. Basique, me direz-vous. Oui, mais essentiel.

Le manager ne doit pas être humble par choix, mais par obligation. Le fait d'avoir un titre ne le rend pas plus important, particulièrement depuis la pandémie. La prise de conscience a été radicale et violente, certes, mais elle nous a permis un retour aux choses essentielles : nous reconnaissons la force d'une chaîne à son maillon le plus faible... et le Covid nous aura rappelé que, comme dans une vraie chaîne en métal, aucun maillon n'est plus ou moins important qu'un autre. Sacrée remise en question d'un ordre établi pour la génération des managers nés au siècle dernier !

J'ai toujours beaucoup aimé comparer les organisations et les comportements humains avec ceux du règne animal. Ce que 2020 a apporté, c'est le passage d'un mode de fonctionnement de prédateurs à un fonctionnement de meute dans laquelle la solidarité joue un rôle crucial.

POINT D'ATTENTION

Il y a quelques années, je donnais une conférence devant les cadres dirigeants d'une grande compagnie d'assurance. À un moment, j'ai demandé aux managers de lever la main... Toute la salle a levé la main. Puis, j'ai demandé aux personnes managées de lever la main. Sur les 350 managers présents, seule une poignée l'a fait.

> Le manager post-Covid comprendra qu'il est un salarié et un managé comme un autre, y compris le PDG qui doit rendre des comptes à ses actionnaires. Lors de cette conférence, j'ai pris conscience du fait que le simple « titre » de manager avait fait oublier à un grand nombre de personnes qu'elles n'étaient qu'un maillon – essentiel, certes –, mais un maillon.

CONCRÈTEMENT, L'HUMILITÉ DU MANAGER, C'EST QUOI ?

L'humilité du manager post-Covid est définie par les points suivants :

- **Il valorise le travail de chaque membre de son équipe indépendamment de son niveau hiérarchique**. Il est de la responsabilité de chaque manager de savoir valoriser le travail de tous les membres de son équipe et, plus que jamais, de donner un sens à leur travail.

  Exemple : Lorsque vous arrivez dans votre agence bancaire, quelle est la première personne que vous voyez ? La personne à l'accueil, n'est-ce pas ? Si la direction de l'agence lui explique qu'elle participe à la fidélisation de la clientèle en étant souriante, en appelant les clients par leur nom, en connaissant leur historique… eh bien, cette personne participera au résultat économique global de l'agence. Vous accueillir chaleureusement fera partie intégrante de ses missions. A contrario, si la personne à l'accueil vous dit à peine bonjour, ne sourit pas et passe plus de temps scotchée à son téléphone portable qu'à vous renseigner, cela vous donnera rapidement envie de changer de banque.
  C'est d'ailleurs ce que j'ai fait il n'y a pas longtemps… et c'était la faute du manager qui n'avait pas su expliquer à ses équipes le sens profond de leur travail. Dans une entreprise, il n'y a pas (ou plus) de petit ou de grand métier. Chaque manager doit en avoir conscience et être capable d'expliquer aux membres de

son équipe en quoi leur rôle est fondamental dans le cadre de la stratégie globale.

- **Il consacre un temps équivalent à chaque membre de son équipe.** Un manager « classique » passe 80 % de son temps avec 20 % de son équipe, par affinité personnelle ou professionnelle. Le manager post-Covid sait gérer ces situations qui supposent une révision complète des systèmes de reconnaissance professionnelle, à commencer par la reconnaissance salariale.
Mon témoignage : Lorsque j'étais manager, il m'est arrivé une histoire qui m'a fait comprendre ce qu'était l'humilité managériale. Au moment des augmentations annuelles, un manager m'a dit la chose suivante : « Gaël, je gagne bien ma vie, tout va bien pour moi. Je souhaiterais ne pas être augmenté et utiliser cette enveloppe pour augmenter davantage les membres de mon équipe. »

  Ce qui était encore exceptionnel il y a quelques années risque bien de devenir la norme dans les années à venir, surtout si la croissance économique repart et que de plus en plus de métiers entrent en tension sur le marché de l'emploi. Si les managers d'une chaîne de supermarché décident de geler leurs salaires afin d'augmenter de façon très significative les agents de caisse, où pensez-vous que les agents de caisse iront travailler ?

  Ce qui semblait être une utopie il y a peu devient donc une réalité. Le haut de la pyramide hiérarchique n'est rien sans sa base... Il est donc temps de prendre soin de cette base qui, depuis des années, était considérée comme négligeable et malléable à merci.

- **Il consulte son équipe et valide avec elle l'organisation du travail.** L'organisation de l'équipe est le fruit d'une réflexion commune, partagée et validée par toutes et tous. Autant un fonctionnement en 100 % présentiel pouvait permettre à un manager d'appliquer des règles de vie commune sans trop s'encombrer des problématiques individuelles. Autant un mix

présentiel/distanciel généralisé supposera une adaptation permanente aux problématiques de chaque individu.
Le concept de flex office était déjà très tendance avant la pandémie. C'est désormais le « flex horaire » qui devient progressivement la norme. De nombreuses études – comme « Quelles attentes de la Gen Z pour l'entreprise de demain ? » (Mazars et OpinionWay, 2019) – montrent que cette tendance est majeure. Cette étude nous apprend que 73 % des 15-24 ans aimeraient travailler dans une entreprise qui leur permet d'organiser leurs horaires de travail, et 59 % télétravailler autant qu'ils le souhaitent.

Bien entendu, il y a la pression des jeunes générations qui considèrent l'autogestion de leurs horaires de travail comme une priorité, mais il y a surtout ce dont nous avons tous pris conscience lors du premier confinement : nos rythmes sont différents. Tout le monde ne peut pas faire une visio à 13 heures, et il peut être agréable de faire une pause entre 15 et 16 heures si on en ressent le besoin. L'important n'est pas de respecter un horaire cadré, mais d'accomplir une mission et d'atteindre des résultats fixés à l'avance. Le manager n'est plus le maître des horloges ni le professeur qui décide de l'heure à laquelle ses élèves peuvent aller en récréation !

Le manager du monde d'avant gardait quelques caractéristiques héritées du monde militaire : respect des horaires, respect d'une organisation relativement rigide et mise à sa disposition d'un ensemble de moyens pour faire respecter ce cadre. Aujourd'hui, ce ne sont plus les galons sur l'épaule qui font qu'un manager est suivi par son équipe, mais la confiance en sa capacité à optimiser l'organisation en fonction des individualités à disposition.

Certes, il est plus simple de diriger une équipe docile, qui se plie aux règles définies par une seule personne. L'humilité, c'est d'admettre que ces règles que l'on pensait éternelles et valables, par principe ou par habitude, sont peut-être caduques. Combien de managers doivent aujourd'hui remettre totalement en cause leur mode de management, aussi efficace a-t-il été pendant des années ?

Point d'attention

L'objectif professionnel de la génération X (née entre 1966 et 1976) était de devenir manager. Tout jeune diplômé calculait son plan de carrière autour de cet objectif, ultime reconnaissance sociale. Qui pouvait prétendre avoir réussi sa carrière professionnelle en entreprise sans être devenu manager ? Aujourd'hui, comme le montre l'étude de l'observatoire Cegos réalisée auprès de 1 025 salariés (publiée en 2018), 66 % des moins de 30 ans n'ont pas l'ambition de devenir manager. Cela signifie que la grille de lecture de la qualité professionnelle a été totalement revue, et pas uniquement du fait de la pandémie.

Toute personne qui a déjà travaillé dans une entreprise peut le confirmer : être manager n'est pas synonyme de compétence professionnelle. Que celui qui n'a jamais connu de mauvais manager lève le doigt !

Selon une étude réalisée par la chaire Innovation managériale d'Audencia Business School, seulement 20 % des salariés ambitionnent de devenir managers. Mais quelle bonne nouvelle ! En effet, dans les entreprises, moins de 14 % des salariés occupent des postes d'encadrement (source : Apec). Si ces derniers pouvaient n'être à l'avenir occupés que par des personnes ayant une véritable appétence – et des compétences – pour cette fonction plutôt que par une majorité de personnes qui la considèrent comme un passage obligé dans une carrière, ce ne serait pas un mal.

Test : êtes-vous humble ?

Un collaborateur vient vous voir pour vous dire que votre décision est stupide. Votre réaction ?

- ● Vous le notez et lui ressortirez lors de son entretien annuel pour ne pas l'augmenter.
- ■ Vous lui dites que vous n'appréciez pas sa façon de s'exprimer et lui demandez de préciser sa pensée.
- + Vous lui demandez de préciser ce qu'il entend par « stupide ».

Votre équipe dépasse de 100 % ses objectifs annuels :

- + Vous organisez une cérémonie avec votre équipe, invitez toute votre hiérarchie et présentez chaque membre de votre équipe au PDG.
- ● Vous écrivez immédiatement un e-mail à votre manager pour valoriser votre performance.
- ■ Vous écrivez immédiatement un e-mail à votre hiérarchie en valorisant votre équipe.

Vous souhaitez mettre en place une réunion hebdomadaire avec votre équipe :

- + Vous demandez à votre équipe de vous proposer trois créneaux.
- ■ Vous proposez plusieurs créneaux et demandez à votre équipe de voter.
- ● Vous décidez du jour et de l'heure en fonction de vos impératifs.

Votre manager vous demande d'augmenter vos résultats de 20 % pour l'année à venir :

- + Vous dites à votre manager qu'avant d'accepter vous devez vérifier auprès de votre équipe si cela est réalisable.
- ● Vous acceptez et commencez à rédiger un plan d'action pour votre équipe.
- ■ Vous en parlez à votre équipe et préparez ensemble un plan d'action pour atteindre les objectifs.

VOUS AVEZ PLUS DE :

- ● **Vous êtes un manager du XXe siècle.** Vous tirez votre autorité de votre titre et vous pensez généralement avoir raison. Le concept de management participatif vous est étranger, et quand vous rencontrez un problème vous aimez le résoudre seul(e). Un collaborateur qui remettrait en question l'une de vos décisions pourrait avoir des problèmes. L'humilité n'est définitivement pas votre fort. Vous considérez que votre position hiérarchique est la preuve de votre supériorité.
- ■ **Vous êtes un manager bienveillant.** Cependant, vous aimez un cadre bien défini qui ne change pas en fonction des circonstances. Même si vous aimez échanger et écouter votre équipe au moment de prendre une décision, c'est vous qui tranchez et assumez. Votre position hiérarchique est importante à vos yeux, et vous en tirez une certaine fierté... N'est pas manager qui veut après tout! Votre humilité se situe dans le mode de prise de décision, pas dans la prise de décision elle-même.
- ✚ **Vous êtes un manager bienveillant 2.0.** Votre position hiérarchique vous importe peu, et vous estimez que le collectif est plus important que tout. Cependant, ce collectif doit se construire en prenant en compte les individualités avec égale importance, y compris la vôtre. Vous considérez votre fonction de manager comme une protection de votre équipe en cas de problème, car vous êtes prêt(e) à en assumer toutes les conséquences, y compris un licenciement.

LA BONNE QUESTION À SE POSER : LES MANAGERS SONT-ILS VRAIMENT UTILES AUJOURD'HUI ?

Très (trop) souvent, nous considérons la situation que nous connaissons comme normale. Forçons le trait : avant que Spartacus ne se révolte, les gladiateurs trouvaient plus ou moins normal de s'entretuer pour le bon plaisir des Romains. Loin de moi l'idée de comparer un manager à un esclavagiste ou à un entraîneur de gladiateurs (un laniste, si on veut être précis)... mais si nous devions expliquer l'histoire du management, nous serions bien obligés de revenir à ces concepts.

À l'origine du management est le pouvoir qu'une personne exerce sur une autre afin qu'elle exécute une tâche. Comme souvent dans le règne animal, c'était le plus fort qui détenait ce pouvoir. À l'aide de quelques muscles, puis d'un fouet, et d'un pouvoir économique (à partir du XIXe siècle), le management était avant tout une question de crainte.

Aujourd'hui, ce n'est pas celui ou celle qui a le plus de muscles ou le plus d'argent qui devient manager. Au grand regret de quelques pervers narcissiques, le management est désormais une histoire de relations humaines.

Cela n'a cependant rien d'une évidence. Au XXe siècle, le principe du « qui aime bien châtie bien » régnait chez les managers. C'est ce management d'un autre temps, et qui revient à la mode de temps à autre, qui était à l'œuvre chez France Télécom en 2008 et avait conduit au suicide un certain nombre de salariés.

Depuis quelques années, la question même du management est remise en question... Holacratie, entreprise libérée, sociocratie, ces concepts interrogent le fonctionnement traditionnel de l'entreprise – pyramidal – selon lequel tout vient d'en haut pour redescendre en cascade sur l'ensemble de l'entreprise.

L'holacratie : ici, pas de fonctionnement pyramidal. Les mécanismes de prise de décision sont répartis sur l'ensemble de la structure grâce à la mise en place de cercles thématiques durables (communication, RH, finances) ou temporaires (projets). Toute décision doit être issue d'un compromis.

La sociocratie : l'organisation, comme en holacratie, s'y fait en cercles. En sociocratie, ces cercles s'organisent autour des personnes alors qu'en holacratie, ces cercles s'organisent autour des rôles et, donc, du travail à réaliser. Cette organisation est une évolution du schéma classique de l'organisation pyramidale.

Entreprise libérée : ici, en théorie, plus de management défini. Chaque personne peut prendre des initiatives. Le principe de base est la confiance absolue en chacun et en chacune. C'est grâce à cette confiance que chaque personne donne le meilleur d'elle-même.

UN MANAGEMENT ADAPTÉ

J'ai été manager pendant des années et j'ai observé avec intérêt tous ces concepts qui, d'une manière ou d'une autre, remettaient en question celui de manager traditionnel. Quand on creuse un peu, on réalise qu'en fonction des entreprises la réalité est loin d'être aussi manichéenne et qu'il ne suffit pas de supprimer une ligne hiérarchique. En fait, il est possible de classer en deux grandes catégories les entreprises qui appliquent les nouveaux modes organisationnels :

1. **Les start-up / entreprises de petite taille (moins de 20 salariés)**
   Je ne m'étendrai pas sur ces cas. Souvent, le fantasme de l'entreprise sans managers est une réalité simple à mettre en place quand il y a peu d'employés. Dès que le cap des 20 salariés est franchi, les fondateurs réalisent que le côté « on est toutes et tous égaux devant la décision » ne peut pas fonctionner. Se pose alors la question du type d'organisation à choisir. Le fonctionnement communautaire, bien que très sympathique et séduisant dans sa philosophie, ne peut plus fonctionner à partir d'une certaine taille.
2. **Les entreprises « matures »**
   Bien souvent, les entreprises qui mettent en place une organisation telle que celle évoquée précédemment tiennent un discours radical contre la notion de manager. J'ai parfois rencontré des DRH ou des dirigeants qui exprimaient assez clairement que le concept même de manager était ringard, et je me suis aussi posé la question… le management est-il un concept qui va disparaître ?

   Et je ne vous parle pas des entreprises qui vous expliquent qu'elles n'ont plus de managers… mais des teams leaders ! Il s'agit là d'une escroquerie intellectuelle, opérée en changeant juste un mot dans une organisation qui, elle, ne change pas. Je parle d'entreprises qui appliquent pratiquement à la lettre les théories de l'holacratie ou de la sociocratie.

SEUL LE MODE DE DÉCISION COMPTE

Plus je creusais, plus je me rendais compte que la question fondamentale n'était pas le mode d'organisation mais le mode de décision. Quand une réorganisation globale est annoncée, certes elle marque le point de départ d'une nouvelle ère, mais bien des entreprises ont transformé leur processus de décision sans toucher à leur organisation.

Je ne crois pas que la modernité soit dans un changement radical d'organisation. Par contre, changer son modèle de prise de décision est non seulement fondamental, mais incontournable.

Peu importe quelle organisation est choisie, ce qui compte avant toute chose, c'est de se poser les questions suivantes.

La décision est-elle partagée ?

Dans l'ancien monde, un petit groupe de personnes décidait de tout. Aujourd'hui, grâce aux groupes de projets ou aux réunions de réflexion, les équipes ne découvrent plus une décision tombée du ciel du jour au lendemain.

Le partage de la décision consiste à mettre toutes les énergies au service de l'entreprise et de son évolution. Il y a quelques années, je devais lancer un nouveau service Internet. Quelle ne fut pas la surprise de mon équipe web quand je lui ai demandé d'intégrer une personne du service entretien dans le groupe de réflexion :

« Gaël, en quoi un agent d'entretien peut-il/elle nous être utile ?
— Ces personnes seront des utilisateurs du service. Leur regard est aussi important que le nôtre. »

Le regard hiérarchique dans le processus de décision est de moins en moins important. Être manager n'a jamais été une garantie de créativité supérieure. En revanche, le partage de la décision augmente la créativité collective et ôte, par-là même, une part de pression sur les managers, ce qui est toujours bon à prendre.

La décision est-elle assumée ?

Vous avez probablement remarqué que c'est quand plus rien ne va qu'on découvre les vraies personnalités des gens qui nous entourent et que l'on sait qui sont nos amis. L'une des fonctions du manager, c'est d'assumer une décision en cas de problème et de tout faire pour trouver une solution. Imaginer une entreprise sans managers signifierait qu'en cas de problème il faudrait désigner un coupable un petit peu au hasard, ou se contenter d'un flou artistique... Pas très pratique.

Qu'on l'appelle manager, chef de projet, premier de cercle ou autre, le tout est que l'on puisse identifier pour chaque décision une personne capable d'agir en cas de problème.

La décision est-elle dans l'intérêt du plus grand nombre ?

Parfois, le manager de l'ancien temps pouvait prendre des décisions pour son seul intérêt ou celui d'un groupe d'individus. Aujourd'hui, et encore plus du fait de la pandémie, la notion de collectif en entreprise est devenue centrale. L'individualisme n'a plus de sens quand il s'agit de stratégie ou de ressources humaines.

Oui, l'ancien monde est encore bien présent dans les modes de management en entreprise, et c'est peut-être le cas dans la vôtre, mais les choses changent et évoluent petit à petit. Le management d'aujourd'hui, quelle que soit l'organisation choisie, doit faire preuve d'altruisme.

Ne nous méprenons pas, je ne dis pas que l'holacratie, l'entreprise libérée ou la sociocratie sont des mystifications. Mon point de vue est plutôt que ces organisations font le choix d'un mode de décision, qui peut tout à fait s'appliquer dans une organisation classique ; et heureusement, car bien souvent ces organisations originales sont mises en place dès la création de l'entreprise, ou dans des structures suffisamment petites, pour permettre une souplesse dans le changement. Transformer L'Oréal ou la SNCF en entreprise libérée serait illusoire pour ne pas dire dangereux. Cependant, faire évoluer les modes de décisions, réduire les couches successives de management... ça, toutes les entreprises peuvent le faire !

Et pour répondre de façon définitive à la question : oui, l'entreprise aura toujours besoin de managers... Néanmoins, une chose est certaine, le manager post-pandémie n'aura pas grand-chose à voir avec le manager du XXe siècle.

« VOUS DEVEZ ÊTRE LE CHANGEMENT QUE VOUS VOULEZ VOIR DANS CE MONDE. »

Mahatma Gandhi

Ce que dirait Bob, le pire manager que la planète entreprise ait connu : « Franchement, pourquoi changer ma façon de manager alors que tout va bien ? Mes équipes font ce que je dis, et leurs états d'âme m'importent peu. Celui qui n'est pas content peut aller voir ailleurs. »

Vous connaissez peut-être Bob, le pire manager du monde. Personnage principal de *Mon boss est nul, mais je le soigne* et de *Mais qui a tué Bob ?*, il est l'archétype du manager pour qui il n'est pas nécessaire d'adapter ses méthodes de management à la période économique et sociale que nous vivons. Non. Pour lui qui a appris le management dans *Au bonheur des Dames* de Zola, tout va bien.

Bob voit bien que la place de manager a changé depuis le XXe siècle. Il n'est plus au sommet d'une pyramide hiérarchique, mais de plus en plus au centre d'une mécanique de décision, qu'il doit faire fonctionner de la façon la plus fluide possible.

Ne plus être en haut de la pyramide, Bob, lui, le vit très mal. Comme une dégradation de son statut social. Il n'a toujours pas compris que plus le temps passe, plus l'entreprise ressemble à l'idéal qu'imaginent les salariés. Et ce n'est pas très complexe, à vrai dire : l'entreprise idéale est une entreprise dans laquelle chaque salarié a une importance égale, et dans laquelle chaque avis compte.

« Un ministre, ça ferme sa gueule. Si ça veut l'ouvrir, ça démissionne. » Cette phrase que prononce Jean-Pierre Chevènement en 1983 au moment de sa démission du gouvernement n'aurait aucun sens en entreprise aujourd'hui. Mais Bob pourrait tout à fait dire : « Un bon collaborateur, ça ferme sa gueule. Si ça veut l'ouvrir, ça démissionne. »

Ce qui est fondamental dans l'entreprise qui veut réussir, c'est la libération de la parole. Un manager qui ne tolérerait pas une critique ou une opinion divergente d'un membre de son équipe passerait à côté de l'essentiel : l'intelligence collective.

Le manager du XXe siècle	Sûr de lui-même, parfois prétentieux, ce manager est persuadé détenir LA vérité. À aucun moment, il ne partage la décision puisque, quoi qu'il arrive, il sait. Le manager du XXe siècle est généralement très fier de lui et n'hésitera jamais à s'attribuer les idées des membres de son équipe et à mettre la faute sur eux en cas de problème.
Le manager bienveillant	Ouvert à la critique, il encourage son équipe à challenger ses décisions. Ouvert, empathique, il n'en oublie pas pour autant son rôle en tant que manager et il/elle assume sa position. Le manager bienveillant est nettement plus humble que son ancêtre, le manager du XXe siècle. Cependant, le statut de manager est important à ses yeux et veut dire quelque chose dans son parcours en termes de réussite.

Le manager bienveillant 2.0	Rien ne se décide, rien ne se fait tant que l'équipe n'a pas partagé la réflexion. Quel que soit le type de structure dans laquelle il/elle se trouve, il ne considère pas son opinion comme nécessairement plus importante que celles de ses collaborateurs que son équipe. Le manager bienveillant 2.0 aime faire briller son équipe en cas de succès et sait prendre toute la responsabilité des échecs.

POUR ALLER PLUS LOIN
LA STRATÉGIE DU PARAPLUIE

J'ai été manager pendant plus de vingt ans, et le bien-être de mes collaborateurs a toujours été une priorité. Ce n'était pas forcément conscient, plutôt une intuition qu'un salarié bien dans ses baskets travaillait mieux. Il y a quelques années, il n'y avait pas encore de *Chief Happiness Officer,* mais il existait déjà une arme fatale : le bon sens, sujet dont nous parlerons plus loin dans le livre.

Chaque fois que je progressais dans ma carrière, que mes équipes progressaient en nombre, mes responsabilités augmentaient, mon stress et mon salaire avec. C'est un choix. Devenir manager n'est ni une fatalité ni une obligation pour pouvoir dire que l'on a réussi sa carrière professionnelle, c'est un choix.

Dans un sondage que j'ai réalisé sur mon blog, le premier critère mis en avant pour évaluer si l'on a réussi sa carrière ou non était la qualité de l'équilibre vie privée/vie professionnelle, en aucun cas le statut social ou la position dans la hiérarchie de l'entreprise ; ce qui est très rassurant !

J'ai adoré être manager, et je sais à quel point cette fonction est compliquée à tenir. Être manager impose des devoirs, et le premier d'entre eux est de s'assurer du bien-être des équipes. Pas toujours simple, c'est vrai. Sur ce point, j'ai mis au point une stratégie que j'ai baptisée « la stratégie du parapluie ». Elle consiste à éviter que trop de gouttes de stress ne retombent sur l'équipe. Dans 99 % des cas, la pression – et le stress qui l'accompagne – est descendante. Un exemple ? La direction constate un retard sur le chiffre d'affaires du trimestre. Elle convoque le(la) directeur (directrice) commercial(e), lui passe un savon. Effet direct : la direction commerciale convoque l'ensemble de son équipe pour lui passer un savon et lui demander de se bouger ! En quelques réunions, le stress se généralise dans l'entreprise.

La stratégie du parapluie, c'est faire en sorte de bloquer ce stress à son propre niveau hiérarchique. J'en suis, par expérience, profondément convaincu : le métier d'un manager consiste également à encaisser une partie de la tension qui lui vient du haut pour ne pas la restituer dans sa globalité à ses équipes.

Reprenons l'exemple du directeur commercial sous pression. Être anxiogène, c'est réunir son équipe et dire en résumé : « Vous n'avez pas fait vos objectifs, on me met une grosse pression et va falloir que vous vous bougiez parce que sinon des têtes vont tomber, et, croyez-moi, ça ne sera pas la mienne. C'est vous sur le terrain, quoi ! » (Pour information, c'est une phrase entendue par votre serviteur un certain nombre de fois chez des managers d'un autre siècle.)

La stratégie du parapluie, c'est éviter que trop de gouttes de stress ne retombent sur l'équipe en disant par exemple : « Nous sommes en retard sur les objectifs. Rien de grave, ça peut arriver. On va d'abord essayer de comprendre pourquoi nous sommes en retard et ensuite réfléchir à comment nous allons tous ensemble redresser la barre ! OK ? »

La stratégie du parapluie, c'est se placer en tant que manager comme le premier responsable de toute situation ! Je n'ai jamais compris comment un manager pouvait se cacher derrière les supposées incompétences de son équipe pour justifier un piètre résultat. La responsabilité d'un manager, c'est certes le résultat, mais c'est avant tout la constitution et la motivation de son équipe. Si un manager estime que son équipe n'est pas performante, c'est de sa faute. Soit il est un mauvais recruteur, soit il ne sait pas former ses équipes, ou encore il ne sait pas se séparer des éléments qui pourraient effectivement ne pas avoir les compétences nécessaires pour atteindre les objectifs.

Le courage managérial, c'est savoir assumer ces trois éléments. La stratégie du parapluie, c'est assumer pleinement son rôle de manager pour les bons comme les mauvais côtés. Les bons, c'est une forme de prestige, un meilleur salaire, une plus grande implication dans la stratégie de l'entreprise, etc. Les mauvais, c'est encaisser plus de stress que ses équipes, sans pour autant qu'elles n'en subissent les conséquences. C'est pour cela qu'être manager n'est pas simple ! Cela suppose une bonne dose d'abnégation mais, surtout, une énorme dose de calme.

Mais il y a une récompense à cela. Une équipe qui n'est pas stressée sera toujours plus impliquée, plus motivée et plus performante qu'une équipe qui est stressée. Ainsi, dans l'exemple du directeur commercial en retard sur ses objectifs, la probabilité que le retard soit rattrapé est plus grande s'il sait garder son calme et protéger son équipe d'un stress toxique… Tout le monde y gagne. Le manager bienveillant 2.0 aura toujours comme priorité le bien-être de son équipe !

2

ADAPTER SON MANAGEMENT EN FONCTION DE CHACUN

LE MANAGEMENT EMPATHIQUE

Avant la pandémie, une même équipe travaillait au même endroit, dans les mêmes conditions : les bureaux de l'entreprise. Le management n'avait pas à s'adapter à telle ou telle situation personnelle. Avec l'explosion du télétravail, il n'est plus possible d'agir ainsi ; le premier confinement l'a prouvé.

Le manager doit désormais être attentif à un certain nombre de points concernant chaque membre de son équipe afin d'optimiser les performances de celle-ci. L'empathie du manager, c'est cela : pouvoir imaginer le quotidien des membres de son équipe afin d'adapter son management à chacun.

L'empathie est une qualité humaine, certaines personnes en sont dotées plus que d'autres. J'entends souvent des gens me dire : « L'empathie, tu es né avec, ou pas. » Ce n'est pas tout à fait exact, car l'empathie, c'est aussi prendre en considération – ne serait-ce que du fait du télétravail – un certain nombre de points objectifs.

LE LOGEMENT

Il est évident qu'un salarié confiné dans trente-cinq mètres carrés, en couple avec un enfant en bas âge ne vivra pas la même expérience qu'un autre qui habite une maison avec jardin.

Un logement de petite taille empêche généralement d'aménager un espace bureau clairement séparé de la partie logement... et vie personnelle. Cela peut sembler anecdotique, et pourtant le fait de ne pas avoir un espace bureau limite les possibilités d'un équilibre vie privée/vie professionnelle de qualité.

De façon inconsciente, les salariés n'ayant pas un espace de travail identifié finissent par transformer toute leur habitation en bureau, ce qui génère un stress additionnel. En effet, si je passe ma journée à travailler sur la table de mon salon, pourquoi ne pas envoyer un dernier petit e-mail pendant que je suis en train de dîner ? Et d'ailleurs, pourquoi devrais-je m'arrêter de travailler ?

Alors, bien entendu, il n'est pas de la responsabilité du manager de faire emménager tous les salariés dans des logements adaptés à la nouvelle configuration du travail ; mais il est de son devoir de connaître la situation de toutes et de tous, d'en parler avec eux, et de bien vérifier qu'ils ne passent pas trop de temps à travailler.

Avant la pandémie, 10 % des salariés étaient concernés par le burn-out. Or, la principale cause du burn-out est le surmenage. Le premier rempart contre ce fléau est le manager. Si celui-ci constate qu'un collaborateur envoie des e-mails à 23 heures tous les jours ainsi que le week-end, il est de sa responsabilité de faire cesser cela. Il fut un temps ou envoyer un message tard le soir pouvait être signe d'implication et de motivation. Ce temps est révolu, car désormais, nous connaissons l'impact désastreux sur la productivité d'un mauvais équilibre entre la vie personnelle et la vie professionnelle.

Une étude de Harvard et du MIT a montré qu'un salarié heureux était 31 % plus productif, six fois moins absent, neuf fois plus loyal, 55 % plus créatif et deux fois moins malade. Comment être heureux si l'on vit dans son bureau 24 h/24 ?

L'ÉQUIPEMENT

Le télétravail, en théorie, est source de bien-être : moins de temps de transport, plus de souplesse dans l'organisation, moins de sollicitations. Mais celui-ci peut vite se transformer en enfer si le management n'y prête pas attention. Imaginez : deux ou trois jours par semaine, Paul, 25 ans, est en télétravail. Il vit dans un studio.

C'est vous qui le dites

« J'aurais adoré que mon chef soit plus à mon écoute pendant le confinement. J'ai dû travailler sur un tout petit ordinateur portable pendant deux mois, et il a refusé de me fournir un grand écran. Je vous assure que quand vous passez huit heures par jour sur des tableaux, c'est épuisant. J'ai fini par l'acheter moi-même, mais je ne trouve vraiment pas ça normal de devoir s'acheter son outil de travail. J'aimais bien mon manager, c'est nettement moins le cas aujourd'hui, et je pense changer d'entreprise. »

Sophie, contrôleuse de gestion

« Être à l'écoute de ses équipes, c'est encore plus important quand ça ne va pas. Si on veut garder une équipe motivée, il ne faut pas considérer que tout le monde sera automatiquement motivé. La période de la pandémie m'aura vraiment appris à écouter les équipes, à faire attention à des problèmes qui n'en sont pas vraiment pour moi. C'est étonnant, mais nous sommes beaucoup plus soudés aujourd'hui qu'avant la pandémie. »

Pierre, directeur d'usine

Son équipement ?

- Un tabouret devant sa table de cuisine.
- Un ordinateur portable avec un écran 13 pouces.
- Une connexion à bas débit.

Cela vous semble anecdotique ?

- Tabouret = maux de dos garantis.
- Petit écran d'ordinateur = maux de tête garantis + mal aux yeux.
- Connexion à bas débit = chaque visio est un calvaire, chaque fichier un peu volumineux à télécharger ou à envoyer bloque l'ordinateur pendant quinze minutes.

Le télétravail n'est pas un cadeau que l'on fait aux salariés, c'est probablement l'une des grandes leçons de cette crise. Avant la pandémie, dans beaucoup d'entreprises, le télétravail était perçu comme si le salarié travaillait aux quatre cinquièmes. Travailler à distance n'était pas bien vu, et c'est pour cela que seulement 16 % des entreprises françaises avaient conclu des accords de télétravail.

Le télétravail a meilleure presse aujourd'hui pour une raison toute simple : c'est lui qui a littéralement sauvé un grand nombre d'entreprises. Mais imaginez la situation suivante : vous venez de décrocher un nouvel emploi. Vous pouvez travailler en présentiel, mais au moment d'arriver à votre bureau, vous vous apercevez que vous êtes installé dans un coin peu lumineux, que la chaise devant votre bureau est utilisée à la cantine, que votre ordinateur met vingt minutes à s'allumer... Quelle serait votre réaction ? Inacceptable, non ?

Certaines entreprises ont compris que ce qui est intolérable en présentiel l'est tout autant à distance. En fait, le grand changement de paradigme est celui-ci : le télétravail, c'est du travail. Cela peut sembler ridicule de le rappeler... et pourtant.

POINT D'ATTENTION

Il faut faire attention à ne pas confondre « empathie » et « devenir l'éponge de tous les problèmes de son équipe ». Un manager peut être tenté de vouloir tout résoudre pour « bien se faire voir » par son équipe.

Au même titre qu'il existe une séparation entre la vie personnelle et la vie professionnelle dans notre quotidien, la même séparation doit exister dans la relation manager/managé. Ce point sera développé dans la rubrique « La bonne question à se poser ».

LE NIVEAU D'EXPÉRIENCE

Il n'est pas possible d'avoir le même niveau d'exigence envers un collaborateur ayant quinze années d'expérience qu'envers quelqu'un qui en a deux. Et, quand on n'a pas beaucoup de métier, il est beaucoup plus facile de demander en présentiel au collègue qui travaille à ses côtés un petit coup de main.

Rappelez-vous vos débuts. Vous n'alliez pas frapper à la porte du bureau de votre manager toutes les deux secondes de peur de passer pour quelqu'un de peu professionnel. Généralement, l'effet d'équipe joue à fond quand tout le monde travaille sur le même lieu. L'effet d'entraide entre collègues du même niveau hiérarchique joue à plein. C'est moins simple quand une partie de télétravail s'immisce au milieu d'une semaine de travail ; moins il y a de proximité physique, moins il y a d'interactions informelles, pourtant si utiles.

De ce point de vue, faire preuve d'empathie, c'est mettre à l'aise les jeunes salariés pour qu'il puisse solliciter à volonté leur manager, ou mettre en place un système de tutorat à distance, entre les plus expérimentés et ceux qui le sont moins.

LE NIVEAU DE SALAIRE

Dans ma carrière, j'ai croisé beaucoup de managers qui étaient incapables de comprendre qu'une augmentation globale de 2 % sur leur salaire n'avait pas le même impact que sur celui des membres de leur équipe. Cela m'a toujours étonné qu'un manager ose dire : « Mais de quoi tu te plains, j'ai eu le même pourcentage d'augmentation. »

Cela vous surprend ? C'est bon signe. C'est que vous, vous savez que 2 % de 100 000 €, cela ne représente pas la même chose que 2 % de 24 000 € ! En l'occurrence, si vous faites le calcul, 2 % du premier représentent un mois de salaire du second alors que 2 % du second représentent moins de deux jours de travail du premier ! L'empathie, c'est essayer de comprendre la situation de chacun, y compris financière.

Certes, tout le monde ne peut pas gagner des millions, mais le manager empathique n'est pas indécent, et il fait preuve de bon sens dans les arguments qu'il utilise pour expliquer ladite augmentation.

Vous l'aurez compris, faire preuve d'empathie, c'est essayer de faire en sorte que chaque personne se sente écoutée, valorisée. Mais l'empathie, c'est également faire attention à des points beaucoup plus subjectifs.

LA RÉSISTANCE AU STRESS

Nous ne sommes pas tous égaux face au stress. Certaines personnes vont perdre le sommeil si leurs objectifs ne sont pas atteints tandis que d'autres sauront parfaitement gérer la séparation entre leur vie personnelle et leur vie professionnelle.

Un manager empathique a conscience de cela et il n'aura de cesse de rappeler à son équipe que le travail n'est QU'UN travail et qu'il ne doit en aucune manière impacter le bien-être. « Mettre la pression » est un concept qui appartient à un autre temps. Quand il s'agit de stress, il faut se caler sur le niveau de résistance le plus bas afin de ne pas pousser qui que ce soit au burn-out ou à la dépression.

Exemple : Imaginez un directeur commercial qui constate que les objectifs annuels risquent de ne pas être atteints. Le manager du siècle dernier tiendrait un discours comme celui-ci : « Mesdames et messieurs, ça ne va pas du tout ; nous sommes à la ramasse sur les objectifs. Si vous ne me redressez pas la barre, et vite, des têtes vont sauter. C'est clair ? »

Le manager empathique, lui, tiendra le discours suivant : « Mesdames et messieurs, nous sommes en retard sur nos objectifs. Ce que je vous propose, c'est que nous analysions ensemble la situation afin de comprendre pourquoi nous en sommes là, et une fois que ce sera fait, nous monterons de concert un plan d'action pour rattraper le retard. Et vous savez quoi ? Je suis certain que si nous nous y mettons toutes et tous, nous y arriverons. Je vous fais confiance. »

Nous savons tous nous mettre la pression seuls. Inutile d'en rajouter. Être empathique, c'est projeter son équipe dans l'avenir plutôt que lui maintenir la tête sous l'eau. Le bien-être quotidien – y compris psychologique – de chaque membre de l'équipe doit être une priorité.

L'AMBITION PERSONNELLE/ L'ENGAGEMENT PERSONNEL/ LA MOTIVATION

Tout le monde ne rêve pas de gravir les échelons… et heureusement. Une entreprise est une chaîne dans laquelle chaque maillon est d'égale importance, quel que soit le niveau hiérarchique.

Oui, certains salariés seront moins engagés que d'autres, moins passionnés par leur travail au quotidien. Il faut être attentif à ce que personne ne fasse un bore-out (inverse du burn-out, c'est le fait de déprimer à force de s'ennuyer dans son travail), mais il faut accepter que pour certaines personnes, le travail ne soit qu'un moyen de payer ses factures et ses loisirs.

Tout le monde ne rêve pas de devenir manager et c'est tant mieux puisque moins de 15 % des salariés d'une entreprise occupent un poste de management. Un grand nombre de personnes peuvent s'épanouir dans leur vie personnelle sans pour autant être de mauvais salariés. J'ai vu trop de managers lancer un « ouais, mais lui, il est nul, il n'a aucune ambition ».

Un manager, c'est souvent comme un parent. Et l'un des travers de la parentalité est de projeter ses propres rêves sur ses collaborateurs/enfants. Être empathique, c'est comprendre, sans idée préconçue, les motivations de chaque membre de l'équipe, c'est savoir pourquoi, chaque matin, ils se lèvent pour venir au bureau. Cela permet d'adapter de façon constructive son comportement.

POINT D'ATTENTION

Tout le monde n'a pas les mêmes leviers de motivation.
Les principaux leviers sont les suivants :

- Le salaire
- Le sens que l'on donne à son travail
- Les collègues
- L'image de l'entreprise
- Son manager
- Les avantages (salle de sport, conciergerie, complémentaire santé)
- Les perspectives d'évolution
- La sécurité de l'emploi

> Ce qu'il faut savoir, c'est que tous ces leviers sont présents chez tous les membres d'une même équipe, mais que leur importance varie selon les individus. Tout le défi est de connaître précisément l'importance de chacun de ces leviers pour chaque personne.

Test : êtes-vous empathique ?

Votre collègue de travail se met à hurler sur un client au téléphone :

- ■ Vous vous dites que c'est un mauvais professionnel.
- ● Vous vous dites qu'il doit avoir ses raisons.
- + Vous lui demandez si vous pourriez l'aider.

Votre collègue de travail vous dit qu'il n'en peut plus du télétravail :

- + Vous lui demandez ce qui le gêne dans le télétravail.
- ■ Vous lui dites que ça va passer.
- ● Vous lui dites que vous êtes pareil.

Un collègue de travail part du bureau deux heures avant l'heure prévue. Vous lui dites :

- ■ Tu prends ton après-midi ?
- + Si je peux faire quelque chose, dis-le-moi.
- ● À demain !

Un collaborateur fait un burn-out :

- + Vous allez le voir et lui demandez ce que vous avez mal fait.
- ● Vous allez le voir et l'assurez de tout votre soutien pendant cette période.
- ■ Vous pensez qu'il est faible.

Un collaborateur vous demande de ne pas organiser de réunions après 18 heures, même en visio :

- ■ Vous lui expliquez que les réunions seront à l'heure que vous décidez.
- + Vous lui demandez pourquoi, et si l'explication vous semble valable, vous le faites.
- ● Vous lui dites que vous essayerez.

VOUS AVEZ PLUS DE :

- + **Vous êtes quelqu'un d'empathique.** Vous essayez de comprendre les autres et d'adapter votre comportement à chaque situation. Vous avez peu de préjugés sur les autres et savez faire la part des choses. Si cette empathie est un véritable atout, vous pouvez avoir de temps en temps le sentiment que les autres ne vous comprennent pas... Eh oui, tout le monde n'a pas autant d'empathie que vous !
- ● **Vous pouvez encore progresser, mais l'essentiel est là.** Vous êtes quelqu'un de bienveillant, c'est certain. Cependant, vous ne faites pas toujours passer votre intérêt derrière celui des autres, de l'équipe ou de l'entreprise. Vous pourriez sans aucun doute progresser en essayant de comprendre le pourquoi du comportement des gens au lieu de vous contenter de l'accepter.
- ■ **Plusieurs possibilités : vous êtes un robot, vous n'avez pas de cœur, vous venez du XIXe siècle.** Plaisanterie mise à part, il est urgent que vous fassiez preuve de plus d'empathie. En effet, votre comportement peut avoir des conséquences graves sur la santé psychologique de vos collaborateurs et, en conséquence, sur la performance de votre équipe. Vous avez tout à gagner à travailler votre empathie. Votre équipe vous en sera reconnaissante, vous verrez !

LA BONNE QUESTION À SE POSER

UN MANAGER PEUT-IL ÊTRE AMI AVEC SON ÉQUIPE ?

Depuis des années, des managers comme des managés me posent cette question : peut-on être amis quand il existe un lien hiérarchique ? Chaque fois, mes réponses suscitent des débats, car, comme pour tout sujet qui fait appel à l'humain, il n'existe pas UNE vérité absolue. Il convient d'être nuancé. Cependant, plus j'y pense, plus la réponse me semble claire.

Tout est question de temporalité. Si le sujet est de savoir si l'on peut devenir ami avec quelqu'un avec qui nous travaillons, quel que soit le lien de hiérarchie, la réponse est évidente : oui, bien entendu ! Il s'agit de relations humaines, et cela va bien au-delà de la sphère professionnelle.

Par contre, si la question est de savoir s'il est nécessaire d'être ami avec ses équipes pour être un bon manager, la réponse est non, un très grand non ! Je vais essayer de vous en donner les raisons principales.

UN MANAGER EST LE PREMIER GARANT DE LA SÉPARATION VIE PRIVÉE/ VIE PROFESSIONNELLE DE SON ÉQUIPE

Lorsque j'étais manager, il m'est arrivé d'avoir dans mon équipe des personnes qui avaient des problèmes personnels graves, comme un divorce, une maladie ou le décès d'un proche. Impossible de ne pas faire preuve d'empathie, de faire comme si de rien n'était, cela va de soi.

Cependant, il y a une grande différence entre faire preuve d'empathie et se transformer subitement en psychothérapeute, entre réduire toute forme de pression professionnelle jusqu'à ce que la situation personnelle s'améliore, se mêler de choses qui ne nous concernent pas directement, et lui témoigner de la compréhension.

La relation manager/managé est quelque chose de complexe, qui se construit sur une confiance fondée sur les compétences professionnelles. Entrer dans l'intimité de quelqu'un dans un cadre professionnel présente le très grand danger de mélanger les genres et de laisser une trace dans la relation. C'est mettre en danger, pour les deux protagonistes, une relation totalement séparée de toute considération personnelle.

Vous est-il déjà arrivé de devoir travailler tout en gérant une situation personnelle très compliquée ? Dans ce cas, la dernière chose dont vous avez besoin, c'est d'un manager qui pense vous aider en vous questionnant du matin au soir sur votre vie personnelle. Le fait de conserver une bulle d'oxygène au travail, loin des problèmes personnels que vous traversez, est essentiel.

UN MANAGER SE DOIT D'ÊTRE JUSTE

Soyons clairs... Il est humainement impossible d'être ami avec tout le monde. Question de personnalité, d'affinités. Malheureusement, un manager consacre 80 % de son temps à 20 % de son équipe, et donne donc aux 80 % restants le sentiment d'être délaissés. Si nous partons du postulat qu'il est impossible d'être l'ami de tout le monde, alors le manager d'une équipe de dix personnes ne peut être l'ami que d'une partie de celle-ci. À votre avis, comment se sentent les autres membres de l'équipe ? Ceux que le manager ne gratifie pas de son amitié ? Ceux qui ne profitent jamais de l'happy hour ou d'un déjeuner en tête à tête avec lui (ou elle) ?

J'ai dirigé des équipes pendant plus de vingt ans et il m'est arrivé d'avoir dans mes équipes des personnes qui, humainement, me sortaient par les yeux mais qui tenaient la route professionnellement. J'estime qu'il est du devoir du manager de se comporter avec ces personnes de la même façon qu'avec les autres.

Un manager n'est ni un superman ni une wonder woman, et il n'est écrit nulle part qu'il doit être le bon camarade de ses collaborateurs. Ce qui lui est demandé, avant toute chose, c'est d'être juste.

> LA VRAIE AMITIÉ SAIT ÊTRE LUCIDE QUAND IL FAUT, AVEUGLE QUAND ELLE DOIT.
>
> Francis Blanche

L'AMITIÉ NE SE DÉCRÈTE PAS

Oui, il m'est arrivé de nouer des liens d'amitié avec l'un de mes collaborateurs, mais il ne faut pas tout mélanger. Le manager-ami ne doit pas devenir un manager laxiste qui en oublie ce pour quoi il est payé. Avec l'âge et l'expérience, on apprend que l'amitié manager/managé est possible tant qu'elle n'affecte pas la relation professionnelle. Ce n'est pas parce qu'un collaborateur vient dîner chez vous le week-end qu'il peut arriver avec deux heures de retard au bureau le lundi, en pensant que tout se passera bien.

Cela étant dit, en amitié comme en amour, les sentiments ne se maîtrisent pas toujours. Le tout est de savoir les gérer sans que personne n'en souffre.

Du point de vue du manager, l'un des dangers serait d'utiliser le lien hiérarchique pour devenir à tout prix l'ami des membres de son équipe. Combien de managers sont persuadés qu'ils sont adorés de leurs collaborateurs parce qu'une fois par semaine, après le bureau, ils viennent boire un verre avec lui ? Mais ils ne mesurent pas que la plupart de ces personnes préfèrent être chez elles, avec leur famille, plutôt que de jouer le rôle du bon camarade pour faire plaisir au boss.

Oui, il existe des managers qui mesurent la qualité de leur management à leur supposée amitié avec leurs collaborateurs. Au même titre qu'il est peu probable que je puisse être ami avec les dix personnes de mon équipe, il est hautement improbable que la totalité de ces personnes veuillent être amies avec moi… et ce n'est pas grave. Personne n'est payé pour se faire de nouveaux amis !

NE PAS CONFONDRE AMITIÉ AVEC COMPORTEMENT AMICAL ET CONVIVIALITÉ

Être souriant, empathique, compréhensif, convivial… Voilà autant de qualificatifs qu'il est possible de posséder sans pour autant être un « ami ». Attention, je ne suggère pas qu'un manager doit être un monstre froid, loin de moi cette idée. Être ami suppose une forte dose d'intimité et de lien personnel, ce qui n'est pas le cas du comportement amical. Un manager peut avoir un comportement amical sans pour autant être un ami.

Fondamentalement, tout l'enjeu est de définir clairement la limite entre sa vie personnelle et sa vie professionnelle afin que l'une n'impacte jamais (trop) l'autre. Nous en avons tous conscience, une bonne séparation entre ces deux vies est un impératif pour notre santé mentale. Ainsi, en tant que managé, il est nécessaire de savoir si j'ai envie/besoin de mélanger les deux un petit peu plus que ce n'est déjà le cas.

Pour les managers, une chose me semble certaine : soyez bienveillants, ce sera un bon point de départ.

Le manager du XXe siècle	L'« empathie » n'était pas un mot utilisé par les managers de cette époque. Tout le monde était logé à la même enseigne. Sans le comparer au management du XIXe siècle, il en était pourtant le digne héritier. Une équipe, c'est un ensemble, un bloc.
Le manager bienveillant	L'humain est pris en considération. Le manager bienveillant a conscience que chaque personne doit se sentir bien. Pour autant, le manager bienveillant pré-Covid pouvait se contenter d'avoir un comportement « global » puisque tout le monde vivait la même chose.
Le manager bienveillant 2.0	Chaque salarié doit être traité de façon spécifique. Le management bienveillant 2.0 est au management bienveillant, ce que la haute couture est au prêt-à-porter. Depuis la pandémie, aucun manager ne peut se dire qu'il encadre tout le monde de la même manière. Il y a autant de modes de management que de managés, ce qui rend le métier certes plus complexe mais également nettement plus intéressant d'un point de vue humain. Il est certain que les aptitudes psychologiques du manager bienveillant 2 .0 doivent être très sollicitées.

POUR ALLER PLUS LOIN
CINQ TECHNIQUES POUR NE PLUS LAISSER LE STRESS VOUS ENVAHIR

Il va de soi que pour être empathique, il faut être capable de gérer ses propres émotions et, sans se laisser envahir par les émotions des autres, chercher à les comprendre. Ce n'est pas toujours simple. Au-delà de la relation manager/managé, le manager est d'abord un être humain qui a des émotions et qui doit savoir les gérer mieux que quiconque.

Le stress est l'une de ces émotions qu'il est fondamental de contrôler. Épuisant – au sens littéral du terme –, il risque d'empêcher le manager de jouer pleinement son rôle. Depuis plus de vingt ans, j'ai mis en place des stratégies et des techniques pour gagner la bataille contre le stress. Bien entendu, les émotions ont leurs vertus, mais la différence est grande entre ressentir des émotions et les laisser nous envahir.

Par nature, je suis quelqu'un de profondément stressé ; en vingt ans, j'ai testé de nombreuses méthodes et je dois dire que, depuis des années, bien qu'il n'ait pas disparu, le stress ne m'empêche absolument plus de dormir.

Voici cinq techniques que vous pouvez appliquer très rapidement pour vous débarrasser de votre stress.

1. RATIONALISER LA CAUSE DE SON STRESS

Souvent, en situation de stress, nous avons tendance à perdre notre objectivité. Sans dire que nous faisons une montagne d'un petit obstacle, notre cerveau a une capacité trois fois supérieure à voir le négatif plutôt que le positif.

Dans l'étude « Bad is stronger than good », plusieurs chercheurs américains et néerlandais* ont démontré que l'être humain est plus attentif au négatif qu'au positif. C'est ce qu'on appelle le « biais négatif », un biais d'évolution de l'espèce. Nos ancêtres devaient prêter plus attention aux prédateurs qui pouvaient les dévorer qu'aux chants des petits oiseaux ou au coucher de soleil ! Et ce biais est encore en nous.

En situation de stress, ou en cas de forte émotion, il est fondamental de prendre le recul nécessaire pour que celui-ci n'envahisse pas tout notre esprit. Si un prédateur pointe son nez, c'est stressant, mais il n'en reste pas moins que les oiseaux chantent toujours et que le coucher de soleil est beau.

2. FUIR LES GENS TOXIQUES

Avez-vous remarqué que, quand nous n'allons pas bien, il y a des personnes qui nous tirent vers le haut et d'autres irrémédiablement vers le bas ? Plaisir sadique ? Bêtise ? Difficile de savoir, mais l'âge aidant nous identifions de mieux en mieux ces personnes qui nous confortent dans notre négativité. Et, comme je l'écrivais dans le paragraphe précédent, nous sommes naturellement attirés par ces personnes. Si nous n'y prêtons pas attention quand tout va bien, lorsque nous sommes dans une phase négative, nous cherchons tous les détails qui peuvent nous convaincre que nous avons raison de l'être.

La solution ? Fuir ces personnes. Si ce n'est pas possible, alors ne leur parlez pas de votre stress ou de votre émotion négative, car, en aucune façon, ils ne pourront vous aider. En revanche, ne

* Roy F. Baumeister, Ellen Bratslavsky et Kathleen D. Vohs de la Case Western Reserve University (Cleveland, USA), Catrin Finkenauer de la Free University of Amsterdam (Pays-Bas).

restez pas seul(e) pour gérer votre stress/émotion. Parlez-en avec des personnes positives qui vous feront savoir que vous n'êtes pas seul(e) devant la question qui vous stresse.

> EXPRIMER SES ÉMOTIONS, C'EST COMME ENLEVER LES NUAGES NOIRS DEVANT LE SOLEIL POUR LAISSER POUSSER LES FLEURS.
>
> Tanya Sénécal

3. (RÉ)APPRENDRE À SE BATTRE

Quelle que soit la situation, la personne la plus à même de vous aider, c'est vous-même. Imaginez que vous êtes au milieu d'un lac en train de vous noyer. Vous avez deux options :

- Ne plus nager et espérer que quelqu'un passe par là pour vous secourir. Cela peut fonctionner, mais c'est un tantinet aléatoire.
- Puiser en vous toute l'énergie nécessaire pour regagner le bord… L'énergie du désespoir, comme on dit.

Nous vivons dans des sociétés où nous sommes très protégés, que ce soit grâce à la Sécurité sociale, à l'Assurance chômage ou à tous les systèmes qui font que nous nous retrouvons rarement seuls, et c'est tant mieux. Mais lorsque le stress ou les émotions nous envahissent, c'est un combat personnel.

4. SE RECENTRER SUR LE POSITIF

Il s'agit du verre à moitié plein et du verre à moitié vide... mais pas que. Rares sont les moments dans une vie où rien, absolument rien, ne va. Malheureusement, en situation de stress, nous avons tendance à oublier ce qui va bien. Il est essentiel dans ces moments de garder à l'esprit des éléments positifs. Il ne s'agit pas de nier l'existence de la source de stress, mais de la relativiser.

Le combat que vous menez contre cette émotion ou contre ce stress est celui d'un boxeur qui monte sur le ring. Oui, vous allez prendre des coups. C'est un fait. Mais comme le boxeur, la chance que vous mettiez votre adversaire K.-O. n'est pas nulle. Et vous admettrez que si vous montez sur le ring en vous disant que vous allez gagner, vous aurez plus de chance d'y arriver que si vous y allez la peur au ventre, avec l'idée que tout est perdu d'avance.

5. PRENDRE DU TEMPS POUR SOI

Un stress intense ou une émotion débordante prennent petit à petit toute la place dans votre vie. Paradoxalement, c'est dans ces moments qu'il est impératif de prendre du temps pour vous, de vous dégager des instants dans la journée durant lesquels le stress ou votre émotion ne seront pas présents. Déconnectez de votre boîte e-mail professionnelle, faites du sport, lisez, cuisinez le plat que vous adorez, buvez le vin de vos rêves en regardant votre film préféré... Il est impossible de vivre H24 avec son stress. Reprendre le contrôle de sa vie en se faisant du bien, c'est également reprendre le contrôle de son cerveau en le forçant à avoir des émotions positives. Vous ne ferez pas disparaître les émotions négatives, mais vous en atténuerez l'impact sur votre énergie pour mener le combat.

Les émotions et le stress font partie de notre vie, c'est ainsi. Si tout était simple, nous finirions probablement par nous lasser et trouver un moyen pour stresser : comme comparer notre champ à celui de notre voisin, bien plus vert. Sachant cela, avoir en tête en permanence que nous ne sommes pas démunis devant nos émotions est déjà un grand pas pour arriver à les gérer. Il s'agit d'un travail sur soi, et ce travail est non seulement utile mais aussi gratifiant quand, enfin, on ne se sent plus désarmé face au stress ou aux émotions.

3

SAVOIR MANAGER À DISTANCE

LE MANAGEMENT PAR OBJECTIF

Le télétravail est sans aucun doute la transformation la plus visible qu'a engendrée la pandémie. Loin d'être une nouveauté, il répondait à une demande pressante des salariés, car avant 2020 seulement 16 % des entreprises avaient conclu un accord de télétravail. Tous ceux qui ont connu le télétravail à 100 % ont cependant vécu un paradoxe. Autant nombre de salariés souhaitaient télétravailler une partie de la semaine, autant ce télétravail à marche forcée, à 100 % du temps, est vite devenu insupportable : disparition du lien social, augmentation du temps travaillé, stress lié à l'isolement… Le « corona-travail », comme je l'ai appelé, a fait des dégâts.

Intéressons-nous maintenant au vrai télétravail, celui qui est choisi. Une étude réalisée par Malakoff Humanis après le premier confinement a montré que ce mode de fonctionnement s'est installé de façon durable dans l'organisation du travail et que 84 % des salariés interrogés souhaitaient conserver une partie de travail à distance après la pandémie. Plus de 50 % d'entre eux ont même évoqué vouloir garder deux ou trois jours par semaine en télétravail.

La pandémie a été un gigantesque accélérateur. Elle a forcé les entreprises à s'organiser et à s'équiper afin de pouvoir continuer leur activité pendant les différents confinements. De nombreux DRH m'ont avoué avoir opéré en quelques jours une transformation numérique qu'ils avaient planifiée sur plusieurs années. Celle-ci ne disparaîtra jamais. Aujourd'hui, l'entreprise qui ne prévoit pas de jours de télétravail aura beaucoup de mal à attirer des talents.

Bref, le télétravail, qu'on le veuille ou non, est devenu un impératif dans l'organisation du quotidien des salariés. Bien entendu, il a de grandes conséquences sur le management.

MANAGER DE FAÇON PLUS FORMELLE

Le présentiel donne la possibilité d'être plus informel. Il y a quelques années, lorsque je travaillais chez TF1, l'un de mes patrons m'a dit : « Gaël, tu es manager, tu ne dois surtout pas oublier le management de la machine à café. » Sur le coup, j'avais cru qu'il désirait que je me charge de garantir le bon fonctionnement de la machine à café, ce qui m'avait surpris. Il n'en était rien. Voyant ma réaction, il m'avait expliqué qu'il souhaitait que chaque manager passe au moins quinze minutes le matin et quinze minutes l'après-midi à la machine à café afin de s'entretenir de façon informelle avec les équipes. C'est effectivement dans ce genre d'intéractions que l'on peut connaître l'état d'esprit de ses collaborateurs, leurs soucis, et surtout avoir des idées que l'on n'aurait jamais eues autrement.

C'est d'ailleurs sur ce point que le télétravail à 100 % pose véritablement problème. Être créatif sans se voir, c'est complexe, d'où la nécessité d'une plus grande organisation. De façon paradoxale, un manager à distance se doit de proposer des échanges informels… Cela peut sembler contre-intuitif, mais il est fondamental que l'équipe puisse avoir des moments d'échanges informels, même à distance.

Le manager à distance ne doit jamais perdre de vue que la mécanique qui crée le lien dans l'équipe en présentiel reste la même avec le travail à distance. Il est important de garder des points de rendez-vous formels et de se donner la possibilité d'échanges informels.

À ÉVITER

Demander à son équipe de se mettre devant son ordinateur le vendredi à 19 heures pour boire l'apéritif n'est pas une bonne idée.

De nombreux managers ont pensé que, pendant le premier confinement, l'organisation d'apéros Zoom , Skype ou WhatsApp permettrait de garder ce lien informel. Tout le problème était qu'en imposant et en fixant un horaire, le concept même d'informel disparaissait.

Ces apéros Zoom n'étaient rien d'autre qu'une réunion avec le manager. Un verre à la main, certes, mais une réunion. Et pour beaucoup, après une semaine de travail, il n'est pas certain que passer une heure de plus avec ses collègues, un vendredi à 19 heures, était la meilleure des idées !

Plutôt que d'imposer des apéros Zoom, il est préférable de donner des plages horaires d'échanges informels durant lesquels vient qui veut ; sans aucune obligation. Pendant le premier confinement, certains managers organisaient même ce genre de rendez-vous autour de thématiques : blind-tests musicaux, concours de recettes de cuisine... Cela peut être efficace si nous revenons un jour à du 100 % télétravail, mais dans le cadre d'un télétravail partiel et choisi, cela ne s'impose pas forcément. En revanche, en présentiel, un manager doit tout faire pour stimuler les échanges informels avec son équipe dès qu'il en a la possibilité : les pauses-café et déjeuners sont des moments privilégiés avec son équipe à proposer quotidiennement. Pas une journée ne doit se passer sans au moins un contact informel avec chaque collaborateur.

> LA DISTANCE REND TOUTE CHOSE INFINIMENT PLUS PRÉCIEUSE.
>
> Arthur C. Clarke

PLANIFIER SON MANAGMENT… ET SE LIBÉRER

Même si ça peut sembler paradoxal, le télétravail partiel implique les actions suivantes.

DONNER PLUS D'AUTONOMIE À SON ÉQUIPE

Le télétravail n'a de sens que si le sentiment d'autonomie est grand. Un manager qui appelle toutes les heures pour prendre des nouvelles est anxiogène. Cependant, l'autonomie s'apprend. Et ce, notamment chez les collaborateurs qui ont peu d'expérience et qui, de fait, ont besoin de plus de soutien de la part de leur encadrement.

À ÉVITER

Ne pas confondre autonomie et autarcie. Donner de l'autonomie à son équipe ne signifie en aucun cas ne plus rien contrôler. Un salarié autonome doit pouvoir aller du point A au point B sans avoir besoin d'aide de qui que ce soit. Plus un salarié est autonome, plus la distance entre ces deux points est grande.

À distance, il est fondamental de mesurer le niveau d'autonomie de chaque membre de l'équipe. Imaginer que tout le monde est au même niveau est une erreur, et c'est pour cette raison que les jeunes collaborateurs ont le plus mal vécu ces différents confinements ; il semble évident qu'avec l'expérience, l'autonomie nécessaire à bien vivre le télétravail augmente. Mais le manager peut et doit avoir un impact sur cette autonomie. Comment ? En passant progressivement en mode projet sur l'intégralité de son travail.

Le principe du mode projet est de donner un objectif clair, mesurable, vérifiable et, surtout, un délai précis à chaque collaborateur. Prenons l'exemple de ce livre. Mon éditrice m'a demandé d'effectuer une relecture sous quinze jours. Elle ne m'appelle pas tous les jours pour savoir où j'en suis ; elle me laisse une grande autonomie, charge à moi de respecter le délai et de délivrer un projet finalisé. À l'opposé, un micro-manager ne m'aurait jamais donné l'ensemble du livre à relire, mais peut-être un chapitre, puis un autre… pire encore, la relecture aurait pu être faite en sa compagnie.

FIXER DES OBJECTIFS CLAIRS AVEC DES POINTS D'ÉTAPE IDENTIFIABLES FACILEMENT

Être autonome c'est donc savoir aller du point A au point B sans avoir besoin d'aide. Eh bien, passer en mode projet, c'est déterminer ces points et leur distance optimale avec chaque membre de l'équipe.

Cela se fait en échangeant avec chaque salarié en fonction de ses compétences, de ce qu'il souhaite… Il ne s'agit pas pour le manager de tout planifier seul dans son coin et d'envoyer par e-mail les feuilles de route de chacun, mais au contraire de faire du sur-mesure.

Bien entendu, ce travail sera beaucoup plus simple pour certains métiers que pour d'autres. Pour les commerciaux, par exemple, un pilotage hebdomadaire, uniquement avec des points de passage de chiffre d'affaires, est tout à fait possible. Pour d'autres fonctions, cela s'avérera plus complexe, et il sera nécessaire de demander au salarié de fixer ses propres points de passage.

Le mode projet est très courant chez les développeurs informatiques, et leur mode de fonctionnement peut se dupliquer pour quasiment tous les métiers. Un développeur a pour mission de livrer un produit lambda. Il doit déterminer combien de temps cela lui prendra et donc s'engager sur une date de livraison, qui ne pourra plus bouger.

Afin de respecter cette échéance, il devra proposer un certain nombre de points d'étape, avec des délais qui lui permettront :

- de s'organiser et de planifier son travail ;
- de garantir son autonomie grâce à un reporting précis, à des dates définies à l'avance.

Une fois que cela est arrêté, le manager n'a plus à se soucier quotidiennement de savoir si son développeur travaille quatre heures ou dix heures par jour. La seule chose qui compte est, *in fine*, que le travail soit fait.

En entreprise, nous avons un rapport infantilisant au temps. Bien souvent, on considère qu'un salarié impliqué est un salarié qui effectue beaucoup d'heures, ce qui est faux. Un salarié impliqué est un salarié performant, point.

Chez Google, quand un salarié arrive le matin, sa première mission est de déterminer ce qu'il va faire durant sa journée. Cette liste est validée, ou modifiée, par son manager. Si ledit salarié finit toutes ses tâches du jour à 15 heures, il peut tout à fait partir sans avoir à entendre l'un de ses collègues lui dire : « Dis donc… tu prends ton après-midi ? » L'autonomie, c'est cela : ne pas avoir à rendre des comptes sur son organisation, mais uniquement sur ce que l'on produit.

ADAPTER SON STYLE DE MANAGEMENT

Il n'y a pas deux télétravailleurs qui se ressemblent. Télétravailler dans une grande maison avec un jardin ou dans un studio sous les toits, ce n'est pas tout à fait la même chose. Idéalement, le manager devrait pouvoir donner trois options aux membres de son équipe :

- venir au bureau ;
- télétravailler avec l'équipement adéquat (notamment un grand écran) ;
- travailler dans un espace de coworking.

Certes, l'explosion du télétravail est due à la pandémie, mais la tendance et la demande des salariés étaient déjà bien présentes avant celle-ci. Maintenant que la perspective d'un confinement général est écartée, nous pouvons faire en sorte qu'il ne soit plus perçu comme une contrainte. Il existe des salariés qui n'aiment pas travailler depuis leur domicile ; il faut les écouter et leur proposer une alternative.

Cela coûte-t-il cher ? En fait, le coût de chaque salarié (salaire + coût de fonctionnement) aurait plutôt tendance à diminuer. Avec le maintien du télétravail partiel dans de nombreuses entreprises et la réduction de la surface des bureaux, la baisse va sans aucun doute s'intensifier. Cette réduction des charges devrait être employée à l'augmentation des investissements en faveur du bien-être des salariés, qui a un impact direct sur leur productivité… C'est gagnant-gagnant, comme on dit.

SE RENDRE DISPONIBLE, MÊME À DISTANCE

Il est vrai qu'en présentiel si j'ai une question à poser à mon manager, qui est dans le bureau à côté, c'est simple… Plus simple que si je ne sais pas ce qu'il fait. Ce sujet est aussi facile à traiter qu'il est important.

Chaque manager doit déterminer avec son équipe des heures impératives de disponibilité. En fonction des métiers, ces horaires peuvent varier. Je recommande souvent que toute l'équipe soit en ligne, et joignable, de 10 heures à midi puis de 14 h 30 à 16 h 30. Cela ne veut pas dire qu'elle ne travaille que quatre heures par jour, mais simplement qu'en matière d'organisation ces plages horaires sont disponibles pour des réunions de dernière minute, pour traiter des urgences ou, tout simplement, pour échanger.

Cette organisation est à mettre en place par chaque manager, en accord avec son équipe, afin que tout le monde se sente à l'aise.
Exemple : Un jour, un manager m'a dit « Je ne suis vraiment pas à l'aise avec le télétravail parce que quand mon équipe n'est pas au bureau, je ne sais pas si elle bosse ». Ce à quoi je lui ai répondu : « Qui vous dit que votre équipe bosse au bureau ? Une étude a montré qu'en présentiel un salarié passe en moyenne une heure par jour sur les réseaux sociaux, YouTube ou Facebook. » Non, le présentiel ne signifie pas automatiquement qu'un salarié est motivé et efficace. Soyez honnête… Cela ne vous est-il jamais arrivé d'être au bureau et de ne pas travailler ?

En fait, le télétravail n'est pas plus une question de confiance que le travail en présentiel. Les managers qui ne croient pas au télétravail ne font généralement pas confiance à leur équipe, et ce problème peut se régler avec de l'organisation.

NE JAMAIS OUBLIER SES FONDAMENTAUX

Dire bonjour, merci, faire du feed-back, être bienveillant, ne pas envoyer d'e-mails en dehors des horaires de travail... tout cela ne change pas avec le télétravail et conserve la même importance. Je sais ce que vous allez penser : « Ouais, mais appeler toute son équipe, tous les matins, juste pour dire bonjour, ça risque d'être lourd assez vite. » Je vous l'accorde, d'autant plus qu'en télétravail tout le monde n'a pas forcément les mêmes horaires. Cependant, un petit SMS groupé pour dire « Je vous souhaite une excellente journée à toutes et à tous » et donner une information, ou la pensée du jour, rappeler que l'on est à disposition... ce n'est pas complexe, et c'est important.

Le manager doit faire preuve des mêmes atouts à distance qu'en présentiel. Il lui faut juste trouver la manière de les exprimer. Télétravailler ne signifie pas disparaître et oublier son rôle de manager, qui est également de savoir motiver son équipe. Faire une réunion spécifique avec son équipe pour savoir ce qu'elle attend de son manager en télétravail est bien entendu une excellente idée.

PLUS QUE JAMAIS, FAIRE PREUVE DE TRANSPARENCE

« Loin des yeux, loin du cœur. » L'adage est bien connu, et le télétravail n'y déroge pas. À distance, sans pause-café ou déjeuner à la cantine, il devient difficile de glaner toutes ces petites informations qui font l'entreprise.

L'isolement que le télétravailleur peut ressentir doit impérativement être compensé par une très grande transparence de la part du manager à propos de la stratégie de l'entreprise, de ce que réserveront les semaines et les mois à venir. De nombreux salariés angoissent sur la pérennité de leur emploi alors que, dans beaucoup de cas, il n'y a aucune raison de s'inquiéter… mais sans information de son manager, forcément, on s'inquiète !

C'est vous qui le dites

« J'ai découvert le télétravail pendant la pandémie. Je ne pourrais plus m'en passer maintenant. Quand je ne suis pas en télétravail, j'ai deux heures de transport, alors côté bien-être, je vois bien ce que veut dire télétravail ! »

Sophie, analyste financière

« Pour moi, le télétravail, ça ne change rien. Mes équipes ont un chiffre à faire. Alors que je les ai sous la main ou pas, aucun changement pour piloter. Ce sont les chiffres qui parlent. »

Jacques, directeur commercial

« Au début, j'ai eu du mal avec le télétravail. Mon manager n'était pas assez présent, et je me suis sentie un peu perdue. Heureusement, petit à petit, on a réussi à bien se caler, et maintenant quand je prends mes deux jours de télétravail, j'en profite vraiment pleinement ! »

Marie, assistante chef de produit

Test : savez-vous manager à distance ?

Avec votre équipe, en télétravail c'est :

■ Plus d'e-mails que d'habitude.

● Moins d'e-mails que d'habitude.

+ Autant d'e-mails que d'habitude.

Un membre de votre équipe a une question à vous poser :

+ Il sait exactement quand il pourra vous joindre.

■ Vous êtes en télétravail, il peut se débrouiller seul.

● Vous lui fixez un rendez-vous.

Quand vous télétravaillez, combien de contacts quotidiens avez-vous avec chaque membre de votre équipe ?

■ Le moins possible.

+ Au moins un.

● Ça dépend avec qui.

Votre équipe vous fait confiance :

+ Oui, je leur ai demandé.

● Je crois.

■ Ils n'ont pas le choix.

Vous aimez le télétravail :

■ Je déteste ça.

+ Oui.

● Pas trop le choix, en fait.

VOUS AVEZ PLUS DE :

- + **Aucun doute, vous savez manager à distance** et, lorsque vous êtes en télétravail, vous pouvez en tirer tous les bénéfices. Vous faites partie de ces personnes qui ne pourront plus se passer de travail à distance. C'est une grande qualité que vous avez, car les managers qui maîtrisent aussi bien le management à distance ne sont pas majoritaires. Votre équipe a de la chance de vous avoir !
- ● **Tout n'est pas parfait dans votre quotidien en télétravail,** et c'est bien dommage. Bien souvent, les managers n'ont pas été formés au management à distance, et vous faites des maladresses qui ont des conséquences sur votre équipe mais également sur votre quotidien. N'hésitez pas à en discuter avec vos collègues pour savoir s'ils ont le même ressenti et, dans un deuxième temps, à en parler à votre manager. Bien souvent, les managers qui font des erreurs de management n'en ont même pas conscience, et il est important qu'ils aient un feed-back de leur équipe.
- ■ **Vous n'aimez pas manager à distance,** cela ne fait aucun doute. Cela étant dit, rien n'est perdu, car, bonne nouvelle, le management à distance, cela s'apprend. N'hésitez pas à partager avec vos collègues ou votre propre manager afin de progresser et de mieux vivre cette situation.

LA BONNE QUESTION À SE POSER

QUELLES SONT LES ERREURS À NE PAS FAIRE EN MANAGEMENT À DISTANCE ?

En management à distance, il y a exactement cinq écueils à éviter.

1. TOMBER DANS LE MICRO-MANAGEMENT ET TOUT VÉRIFIER

L'éloignement peut être angoissant pour certains managers qui imaginent leur équipe devant Netflix du matin au soir. Pour se rassurer, leur méthode est simple : un coup de fil toutes les heures pour savoir où en est chaque personne, dix e-mails par jour pour demander un point précis sur tous les dossiers en cours.

Exemple : J'ai découvert pendant le premier confinement qu'un manager exigeait que toute son équipe se connecte en visio à 8h30 du matin et ne déconnecte pas sa caméra avant 18h30. Pourquoi ? Parce que selon ce manager avant-gardiste, il fallait garder le même lien qu'en présentiel et pouvoir se parler quand on veut. Plus intrusif et contre-productif, c'est difficile à imaginer.

La solution si vous avez un manager ultra-présent ?
Si votre manager est trop présent, parlez avec lui de son besoin d'information, sans le culpabiliser, en lui assurant que vous comprenez son angoisse. Proposez-lui une alternative. Expliquez-lui que vous pourriez être beaucoup plus productif si, au lieu de cinq appels par jour, vous n'en receviez qu'un seul qui vous permettrait d'échanger de façon efficace. Parler est toujours la solution dans ce genre de situation, mais insistez bien sur le fait que votre seule préoccupation, c'est d'être efficace. Voilà vraiment un cas typique où manager son manager est fondamental... Rassurez-le, et il vous laissera de l'espace.

2. DISPARAÎTRE TOTALEMENT

Y a-t-il un manager dans l'équipe ? Eh oui, l'extrême inverse du manager ultra-présent existe. Aucune réunion hebdomadaire, peu d'échanges opérationnels, c'est ce que l'on appelle le « management fantôme ». Le pire, c'est que ce type de manager agit parfois ainsi en pensant bien faire, en considérant que le télétravail, c'est l'autonomie absolue. Ce n'est pas totalement faux, mais il ne faut pas confondre autonomie et autarcie. Un manager à distance doit impérativement répondre présent si ses équipes ont besoin de lui, et il doit le faire savoir. Il ne s'agit pas de tomber dans le travers du point 1, mais de donner des rendez-vous réguliers à ses équipiers, et, surtout, de clairement dire à chacun qu'en cas de besoin le manager est là.

La solution si vous avez un manager fantôme ?
Valorisez son rôle en lui expliquant que vous avez besoin qu'il vous accompagne (si tant est que cela soit le cas bien entendu). Aucun manager ne vous en voudra si vous lui demandez de jouer son rôle.

3. IMPOSER DES HORAIRES

Il existe encore des managers qui sont persuadés qu'une journée de travail, c'est forcément du 8h30-18h30. Certes, il existe des métiers pour lesquels c'est une réalité, mais pour beaucoup, peu importe que la tâche soit faite à 9 heures du matin ou à 22 heures. La grande force du télétravail est de s'adapter à la vie personnelle, pas l'inverse comme c'est le cas du travail en présentiel.

Bien entendu, il faut des « horaires de rencontre », qui permettent à l'ensemble de l'équipe de se retrouver, mais le télétravail ne sera pas le même si l'on est plutôt du matin, plutôt du soir, si on a des enfants, etc. Fixer des horaires pour chaque jour de la semaine, c'est supprimer l'un des avantages du télétravail en mettant des contraintes là où il ne devrait pas y en avoir.

La solution ?
Expliquez vos contraintes à votre manager et montrez-lui en quoi vous serez plus productif avec des horaires adaptés. Ne niez pas le fait que d'avoir une partie d'horaires communs est important... mais vous pouvez expliquer facilement qu'en télétravail, ce qui compte, c'est que le travail soit fait, pas l'heure à laquelle il est fait.

4. NE PAS DONNER DE PERSPECTIVES POSITIVES

Ce manager-là est pessimiste, négatif en toute occasion. Il transfère toutes ses angoisses sur son équipe. Ainsi, il est incapable de se projeter dans l'avenir et d'aider ses collaborateurs à passer le cap de la crise liée à la pandémie, qui – soyons honnêtes – n'est pas simple à vivre et nous a plongés dans un monde très « court-termiste ». Impossible de savoir véritablement de quoi sera fait le monde dans trois mois. Et pourtant, il appartient aux managers de donner une perspective.

Il ne s'agit pas pour chaque manager de se transformer en bisounours, mais simplement de regarder la situation de façon objective et d'admettre qu'une issue positive n'est jamais à exclure.

La solution ?
Si vous avez un manager à déprimer une armée de clowns, vous devez générer votre propre énergie positive et aller chercher des informations qui vous feront du bien, y compris concernant votre travail. Fuyez les personnes négatives et échangez le plus souvent possible avec celles qui pensent que nous nous dirigeons vers un mieux.

5. ÊTRE SECRET

Ce manager pense tenir son pouvoir du fait qu'il sait des choses que son équipe ne sait pas. Au siècle dernier, cela pouvait constituer une forme de pouvoir, mais désormais, un manager doit être coopté par son équipe. La confiance est remontante et non plus descendante : un manager, c'est comme un pilote d'avion, qui doit savoir gérer les turbulences et rassurer son équipage. Peu importe qu'il fasse confiance aux passagers, si ce n'est pour regagner leur place et attacher leur ceinture. Par contre, si je ne fais pas confiance au pilote, je ne monte pas dans l'avion. Comme pour un pilote d'avion en cas de turbulences, si le manager veut que son équipe soit sereine face à la crise, mieux vaut qu'il partage un certain nombre d'informations.

La transparence et la communication sont essentielles dans le management à distance, car un salarié peut très vite se sentir isolé ou écarté.

La solution ?
Posez des questions, demandez, osez exprimer vos doutes ou vos angoisses. Il ne s'agit en aucun cas de pleurnicher en permanence, mais juste d'expliquer que vous ne pouvez être au top de votre motivation si vous avez le sentiment de naviguer à l'aveugle...

Ces cinq travers me semblent être ceux qui font le plus de dégâts actuellement. Si vous vous reconnaissez, ou si vous reconnaissez votre manager dans l'un de ces comportements, ce n'est pas grave, car vous pouvez agir. Ce qu'il faut intégrer, à mon sens, c'est qu'aucune situation n'est immuable au travail. Nous pouvons faire bouger les choses. Le pire serait de considérer une situation qui ne nous convient pas comme étant la normalité, de baisser les bras et de ne rien faire.

Le manager du XXe siècle	Un bon salarié est un salarié que l'on a sous les yeux ! Le manager du XXe siècle n'a confiance qu'en une seule personne : lui-même. Incapable de déléguer plus que de raison, il aime faire du micro-management et vérifier le plus souvent possible l'état d'avancement d'un projet. Quand ce dernier est fini, il souhaite toujours faire changer quelque chose, histoire de pouvoir en revendiquer la paternité !
Le manager bienveillant	Le télétravail est une donnée importante. Une ou deux journées par semaine, c'est bien, mais le collectif en présentiel reste fondamental. Le télétravail n'est pas un élément central pour le manager bienveillant, mais plutôt une option. Cependant, il sait gérer la distance et, surtout, faire confiance à son équipe pour travailler en autonomie.

Le manager bienveillant 2.0	Le télétravail est une donnée centrale. Mis à part quelques points de rendez-vous en présentiel auquel il est tenu de participer, chaque membre de l'équipe peut organiser son temps et son lieu de travail comme il l'entend, tant que son travail est fait. Pour le manager bienveillant 2.0, le télétravail est un mode d'organisation idéal, qu'il faut à tout prix privilégier quand cela est envisageable. Comme le manager bienveillant, il veillera à garder des points de contact hebdomadaire afin de conserver une cohérence d'équipe forte.

POUR ALLER PLUS LOIN

LE MANAGEMENT TRANSVERSAL : MANAGER SES COLLÈGUES

Quand on parle de management, on pense essentiellement « management descendant », c'est-à-dire du manager vers son équipe. Dans la suite de cet ouvrage, nous évoquerons le management « remontant », du managé vers son manager. Ici, il me semble important d'aborder le management « transversal », entre deux personnes de même niveau hiérarchique.

Le management transversal, qu'il soit formel ou informel, est un sujet fondamental. En effet, rares sont les fonctions dans l'entreprise qui ne dépendent que de la personne qui en est responsable. Nous avons toujours besoin d'une information ou d'un coup de main pour pouvoir progresser. Ainsi, la qualité de l'aide que nous recevons résulte forcément de la qualité de notre relation avec les personnes que nous côtoyons dans la sphère professionnelle.

COMMENT AVOIR UNE RELATION DE QUALITÉ AVEC SES COLLÈGUES ?

Il y a cinq points incontournables à prendre en considération :

1. La modestie

Quand il s'agit de parler et/ou de demander quelque chose à un collègue de travail, quel que soit son niveau hiérarchique, il faut avoir en permanence à l'esprit que vous n'êtes jamais plus important, plus intelligent, plus rapide ou plus utile que votre interlocuteur. Vous ne l'êtes pas moins non plus.

Être modeste, ce n'est pas minimiser ses qualités pour se positionner systématiquement en position inférieure, c'est considérer son interlocuteur comme son égal, en toutes choses. Ne pas être modeste avec ses collègues, c'est courir le risque que, au lieu de vous aider, ils fassent tout pour vous ralentir.

2. L'empathie

Vous connaissez cette petite guerre que se livrent traditionnellement le service marketing/communication et le service commercial ? Les commerciaux méprisent gentiment les « marketeux » puisqu'ils ne connaissent rien au terrain, et les gens du marketing/communication méprisent gentiment les commerciaux qui, décidément, ne comprennent rien à leur stratégie si finement réfléchie.

Bien souvent au travail, nous avons tendance à considérer que nos problèmes et nos contraintes sont plus importants que ceux de nos collègues. Nous pensons également que notre façon de travailler est la meilleure… forcément, c'est la nôtre. Être empathique, c'est se mettre à la place de nos collègues.

L'empathie permet d'augmenter le nombre de perspectives et les options envisageables. Bien souvent, le point de vue du service commercial s'oppose à celui du service marketing/communication. Les uns, sur le terrain ; les autres, dans leur « tour d'ivoire », éloignés du terrain. Se rendre compte que ces deux points de vue se complètent est un atout.

3. La transparence et l'honnêteté

Pour obtenir une information ou un délai qui nous arrange, nous pouvons parfois avoir tendance à mentir par omission. En entreprise, comme en amitié ou en amour, la confiance est la pierre angulaire d'une relation saine et durable. Or, pas de confiance sans transparence et sans honnêteté. Il ne faut pas considérer le monde de l'entreprise comme étant déconnecté de nos valeurs profondes.

> DANS LES AFFAIRES, LES GRANDES CHOSES NE SONT JAMAIS FAITES PAR UNE SEULE PERSONNE, ELLES SONT FAITES PAR TOUTE UNE ÉQUIPE.
>
> Steve Jobs

4. La patience

Bien souvent, quand nous demandons quelque chose à des collègues, nous le voulons tout de suite. Pour avoir de bonnes relations avec eux, il faut en permanence garder en tête que notre planning n'est pas plus important que le leur. Bien entendu, il peut y avoir une urgence absolue de temps à autre... Mais pour certaines personnes, tout est toujours urgent.

La patience est bien entendu liée à l'empathie. Demander à un collègue de fixer lui-même le planning qui lui convient sera un bon moyen de construire une relation durable, fondée sur le respect mutuel des délais de chacun.

5. La réciprocité

Pour qu'une relation soit bonne avec un collègue, il faut que celui-ci ait conscience que s'il vous aide, vous ne le laisserez pas tomber en cas de besoin. Les notions d'entraide et de solidarité, même si elles ne sont pas toujours présentes en entreprise et dans la vie, sont la base d'une relation équilibrée. Pour résumer ce point en une phrase : ne jamais faire à un collaborateur quelque chose que l'on n'aimerait pas que notre propre manager nous fasse. En vous comportant avec tous nos collègues de la manière dont nous aimerions qu'ils se conduisent avec nous, nous serons dans le vrai dans 99,99 % des cas.

Il ne faut jamais oublier qu'avant d'être un collègue, un manager ou un membre de notre équipe, chaque salarié est avant tout une personne. Dans notre vie privée, nous n'aimons pas qu'on nous hurle dessus, ou qu'un ami arrive avec deux heures de retard à un dîner… N'acceptons pas en entreprise, ce que nous n'acceptons pas dans notre vie privée, et tout se passera bien.

4

SAVOIR GÉRER LES ÉMOTIONS

LE MANAGEMENT DE CRISE

S'il y a bien un sujet devenu central durant la pandémie, c'est celui des émotions. Dans le cadre du travail, nombre de salariés ont réalisé qu'ils ressentaient beaucoup de choses. Nous ne sommes pas des robots… Le problème, c'est que cela fait des années que l'on oppose l'intelligence émotionnelle à l'intelligence « classique », cartésienne, fondée sur des critères mesurables, concrets. La valorisation de l'intelligence mathématique et technique remonte à l'époque napoléonienne.

La quête de connaissances est une priorité depuis des siècles. Les sciences et les savoirs académiques tiennent une place capitale, et nous le mesurons grandement actuellement. Sans la science, pas de vaccin contre le Covid-19… aucun débat à ce sujet. Néanmoins, il me semble important de se poser la question suivante : quels sont les savoirs qui permettront aux entreprises d'avancer ? Bien entendu, l'innovation technologique est un fondement essentiel de l'entreprise, mais nous prenons aujourd'hui conscience que tout ce que nous prenions pour acquis n'est absolument rien sans l'humain.

Quelle utilité d'avoir des chercheurs brillants si ceux-ci sont en burn-out ? Pourquoi recruter des gens talentueux et techniquement pointus dans leur domaine s'ils démissionnent au bout de quelques mois ? La gestion des ressources humaines a retrouvé avec la pandémie ce pour quoi elle a été créée : la gestion de l'humain dans toute sa complexité et, notamment, de ses émotions.

L'intelligence émotionnelle permet aux entreprises et à leurs salariés de gérer des situations délicates comme celle que nous avons traversée. Mais une fois que l'on a dit cela… comment le gère-t-on en entreprise ?

ACCEPTER LES ÉMOTIONS

Prendre conscience et accepter que nos émotions nous paralysent parfois ou réduisent notre productivité, c'est le début de la solution. Un manager trop distant des émotions préfère nier celles-ci de peur de ne pas pouvoir les gérer. Mais lorsqu'on cherche à les contrôler et à atténuer leurs effets, ces émotions deviennent destructrices.

Imaginer un seul instant que les salariés traversent une crise sans aucune émotion, c'est se voiler la face… et c'est aussi risqué, pour ne pas dire dangereux. Après le premier confinement, 12 millions de Français souffraient de désordres mentaux… Pensez-vous vraiment que ces troubles ont disparu quand ils se sont remis à travailler ? Non, bien entendu. L'intelligence émotionnelle, c'est avant toute chose d'intégrer ce fait.

VALORISER LES ÉMOTIONS

Dans les années 1980, un bon salarié était un salarié imperturbable et inébranlable.

Lorsque l'on parle des émotions, nous viennent surtout à l'esprit les émotions négatives ; mais n'oublions pas les émotions positives qui ne sont pas toujours valorisées en entreprise, voire qui sont repoussées. Célébrer les victoires est important. Célébrer les défaites ou les angoisses l'est tout autant. Parler de ce qui va et de ce qui ne va pas, essayer dans les deux cas d'en tirer du positif pour préparer un avenir meilleur : voilà ce que cette période nous enseigne.

Certaines entreprises organisent chaque semestre une journée de la *lose*. Ce jour-là, chaque service expose son plus gros échec du trimestre, afin que toutes et tous puissent en retirer quelque chose.

Cette période nous apprend à être humbles… et plus humains. Mais être humain n'est pas être faible, c'est apprendre de ses échecs, de ses erreurs, de ses émotions afin d'en tirer des leçons.

C'est vous qui le dites

« Avec la pandémie, j'ai appris à mieux gérer mes émotions, mais, surtout, j'ai compris que dans un secteur comme le mien, l'audiovisuel, il était important de faire attention aux émotions des autres si l'on veut arriver à un résultat satisfaisant. Prétendre être fort en permanence est une erreur. »

Noëlle, productrice

« Il est absolument fondamental de prêter attention à ses émotions et à celles des autres. Nous sommes des êtres humains, pas des robots. Plus les émotions sont intégrées dans le champ de réflexion et de gestion managérial, plus les équipes seront impliquées et productives. »

Annie, coach

« J'accompagne beaucoup de personnes qui ne savent pas comment se comporter au travail. Je leur explique que le monde de l'entreprise, c'est comme McDo, il faut y aller comme vous êtes. Ne pas jouer un personnage est le meilleur moyen de connaître le bien-être au travail. Jouer un rôle est épuisant à la longue ! »

Jean, coach

UTILISER LES ÉMOTIONS DE FAÇON POSITIVE

Accepter ses émotions et ne pas les refouler, c'est une chose ; en faire quelque chose en est une autre. L'intelligence émotionnelle nous permet de faire preuve d'empathie, de comprendre la situation de l'autre, son comportement, mais également le nôtre afin de progresser dans notre relation aux autres. Les émotions sont une formidable source d'apprentissage.

Avant la pandémie, parler, lire ou écrire sur les émotions en entreprise était rare. Ce qui est formidable avec ce que nous avons vécu en 2020, c'est que le constat est sans appel : l'économie n'est rien sans l'humain ; l'entreprise n'est rien sans ses salariés, quel que soit leur niveau dans la hiérarchie. Chaque maillon de la chaîne est absolument fondamental.

Nos émotions sont fondamentales, car non seulement elles nous font nous sentir humains, mais elles nous permettent d'améliorer notre relation à l'autre. Il n'y a pas d'émotion plus importante, moins importante ou sans aucune importance. L'intelligence émotionnelle, c'est de comprendre cela.

> J'AIME LA RÈGLE QUI CORRIGE L'ÉMOTION. J'AIME L'ÉMOTION QUI CORRIGE LA RÈGLE.
>
> Georges Braque

**Gérer ses émotions négatives,
le mode d'emploi en quatre étapes :**

① Accepter l'émotion.

② Analyser les causes de cette émotion.

③ Relativiser les conséquences de cette émotion.

④ Agir pour intégrer l'émotion et supprimer les conséquences.

Test : savez-vous gérer vos émotions ?

Si vous pouviez supprimer vos émotions au travail :

■ Vous le feriez tout de suite.

● Vous hésiteriez.

+ Vous refuseriez sans hésitation.

Un membre de votre équipe se met à pleurer :

+ Vous le calmez et l'aidez à gérer ses émotions.

■ Vous lui demandez de sortir de votre bureau.

● Vous pleurez avec lui.

Il vous arrive de mal dormir à cause du stress lié au travail :

■ Très souvent.

+ Jamais.

● Parfois.

Vous pouvez vous énerver contre un membre de votre équipe :

+ Jamais.

● Ça peut m'arriver.

■ Oui.

Vous êtes triste sans vraiment savoir pourquoi :

■ Souvent.

+ Jamais.

● Parfois.

VOUS AVEZ PLUS DE :

+ **Le mot « émotion » ne vous est clairement pas étranger.** Vous savez contrôler les vôtres et, grâce à cela, vous avez développé une compétence (*soft skill*) vous permettant de mieux comprendre et de gérer celles des autres.
Vous savez prendre la distance nécessaire pour ne pas vous laisser envahir par vos émotions au travail, et probablement dans votre vie personnelle. En tant que professionnel(le) – si vous ne le faites pas déjà – parlez de la gestion des émotions à votre entourage, car vous n'êtes pas nombreux à savoir le faire... Aider les autres à mieux gérer leurs émotions, voilà une belle mission !

● P**our vous, les émotions, c'est à géométrie variable.** Vous êtes probablement plus sensible à certaines qu'à d'autres et vous n'avez pas encore trouvé la clé pour gérer celles qui peuvent vous envahir.
Un conseil : inspirez-vous de la façon avec laquelle vous gérez les émotions que vous maîtrisez pour, petit à petit, bien les gérer toutes.

■ **Pour vous, les émotions sont soit un ennemi clairement identifié, soit un inconnu qui vous empêche de vivre sereinement.** Dans les deux cas, la première chose à faire est d'accepter ces émotions comme un partenaire de vie, qui a ses bons et ses mauvais côtés.
Vous le savez, vos émotions vous empêchent souvent d'agir comme vous le souhaiteriez. La prise de conscience est vraiment le premier pas vers le mieux-vivre. Il serait bénéfique de parler de ces sujets avec quelqu'un de proche, en qui vous avez confiance, afin de progresser ; vous avez tout à y gagner !

LA BONNE QUESTION À SE POSER

CELA VA-T-IL DURER ?

La période que nous avons traversée a été intense en émotions… Ce fut un peu les montagnes russes, à vrai dire. Face à ces chamboulements, deux attitudes étaient possibles : accepter nos émotions (et celles des autres) ou les rejeter. La problématique était surtout liée à leur intensité. Comment être à l'écoute des émotions des autres quand nous sommes nous-mêmes submergés par les nôtres ? C'est bien moins simple à gérer que lorsque nous allons bien… Ce qui est formidable avec cette pandémie, c'est que nous sommes passés d'un monde professionnel d'où les émotions étaient pratiquement bannies, où être un monstre froid était une qualité, à un monde dans lequel accueillir les émotions est une normalité…

Le monde post-pandémie ne serait-il pas tout simplement plus humain ? Les cyniques diraient que nous reviendrons vite au monde d'avant. Je n'y crois pas un seul instant. Nous mesurons tous à quel point nos émotions sont importantes dans nos vies, y compris dans le milieu professionnel, ce que nous avions un peu oublié.

POUR ALLER PLUS LOIN

POUR MIEUX GÉRER VOS ÉMOTIONS, APPRENEZ L'ART DE LA PAUSE

La première chose pour gérer ses émotions est de les assumer. Comme je le disais plus tôt, ce sont nos émotions, bonnes et mauvaises, qui font que nous hommes des humains et non des robots. Avoir une émotion n'est pas une maladie honteuse, bien au contraire, c'est une réaction saine par rapport à une situation donnée. Cependant, quand cette émotion est négative, plus vite vous la gérerez, mieux vous vous sentirez ; et pour se faire, le seul moyen est de faire une pause.

FAIRE UNE PAUSE

Très concrètement, ce que j'appelle faire une pause, c'est se parler à soi-même et essayer de comprendre les causes de l'émotion afin de l'empêcher de déborder. Avant de se mettre à hurler sur le petit dernier ou sur son collègue qui est en retard pour rendre un document, se mettre en mode pause permet :

- D'éviter d'atteindre un point de non-retour. Les émotions, une fois qu'elles s'expriment pleinement, empêchent d'avoir un raisonnement posé. Il faut savoir les identifier à temps pour mieux les gérer.
- D'analyser l'importance réelle de la cause de son émotion. L'émotion est souvent créée par une impression, un ressenti. Essayer de mettre des mots concrets sur l'origine de l'émotion permet de la « matérialiser » et de la mettre plus facilement à distance. Mettre des mots sur une émotion est essentiel.
- De relativiser : souvent, en faisant un pas de côté, nous réalisons que cette émotion est disproportionnée par rapport à la réalité de la situation.
- De trouver une solution constructive. J'ai toujours adoré ce proverbe arabe : « Ce n'est pas dans la tempête qu'il faut hisser la grand-voile. » Si vous sentez la moutarde vous monter au nez, ce n'est pas en vous mettant à hurler que vous contrôlerez la tempête dans votre cerveau. Comprendre la mécanique de nos émotions nous aide à les relativiser, à les gérer. Pendant le premier confinement, je me rappelle très bien avoir eu un petit coup au moral : fini les conférences en présentiel, les contacts physiques, les voyages. Et puis, j'ai appuyé sur le bouton pause. Ce sentiment de tristesse était normal. Et mon inactivité qui en était à l'origine devait finalement servir

une bonne cause. C'est en restant chez moi que l'épidémie reculerait petit à petit. Moi, petite goutte d'eau au regard de la population mondiale, je faisais partie de l'océan des gens qui agissaient pour que cette situation cesse. Et ce n'est pas insignifiant. Pour vous en convaincre, rappelez-vous que cette pandémie a commencé avec un seul individu qui a contracté un virus en mangeant je ne sais quel animal étrange. Et, au même titre que la pandémie a commencé avec une personne, elle finira grâce à l'action individuelle de toutes. Bref… j'ai géré mon émotion, et elle est partie. Je me suis remis à écrire.

NE PAS LAISSER SES ÉMOTIONS PRENDRE LE CONTRÔLE

Comprendre les causes de nos émotions négatives, c'est bien, mais faire en sorte qu'elles ne viennent pas frapper à notre porte tous les quatre matins, c'est encore mieux. Et pour se faire, voici quelques petits conseils applicables dès que vous aurez fermé ce livre :

- Gardez une activité intellectuelle stimulante. Passer sa journée devant Netflix, c'est sympa un jour ou deux, mais écrire, se former en ligne au yoga ou à une nouvelle langue, c'est pas mal non plus, et c'est valorisant. Chaque journée doit servir à quelque chose ! La satisfaction qui accompagne l'apprentissage est une émotion positive qui nous sert à nous renarcissiser. Plus nous accumulerons des émotions positives, moins les émotions négatives pourront prendre de la place. Il faut vraiment considérer notre cerveau comme un réceptacle à émotions, qui doit être alimenté en permanence ; charge à nous de le remplir de positif !
- Gardez un bon équilibre vie professionnelle/vie personnelle. Faites des pauses, coupez votre messagerie le soir et le week-end. Ne laissez pas votre travail vous dévorer. Si l'équilibre vie privée/vie professionnelle est bon, nous sommes deux fois mieux armés face aux émotions négatives. En effet, quand

notre vie personnelle est au top et que notre vie professionnelle ne l'est pas, ou l'inverse, l'une permet de compenser l'autre et donne de l'énergie pour avancer.

- Mettez de la joie dans votre habitation. Dès le réveil, souriez aux personnes présentes chez vous. Et si vous êtes seul(e), faites-vous un grand sourire dans le miroir. La première fois, vous vous sentirez peut-être ridicule, mais ensuite vous adorerez cela !
- Faites de l'exercice physique. Oui, cette injonction est insupportable, surtout pour des gens (comme moi) qui n'aiment pas le sport. Pourtant, depuis que j'ai mis en place une routine matinale d'une heure où je cours, ou je marche, cela a tout changé. Pas physiquement – même si je ne doute pas des bienfaits que cela a – mais moralement. Quand on fait du sport, notre corps génère des hormones qui impactent notre humeur de façon positive. Et c'est vrai : chaque matin, à la fin de ma séance, je me sens bien !
- Chaque jour, notez sur un papier la chose sympa que vous faites dans la journée et déposez ce papier dans un pot. Vous verrez, petit à petit, celui-ci se remplira et deviendra une source d'optimisme. Dès que vous sentirez qu'une émotion négative prend trop de place dans votre cerveau, vous pourrez plonger la main dans ce pot afin de rebooster votre niveau d'émotion positive. Et vous constaterez avec étonnement que vous aviez déjà oublié certaines de ces émotions positives. Notre cerveau retient mieux le négatif que le positif, et cet exercice est fait pour lutter contre.

Et si malgré tout, vos émotions restent débordantes : parlez-en ! Avant de vous mettre à hurler, dites à la personne qui vous énerve, calmement, que vous ressentez une vraie colère, que vous avez besoin de son aide pour la gérer. De la même façon, si vous vous sentez triste, parlez-en. Nos émotions peuvent nous envahir si nous les gardons pour nous. Les partager, c'est les gérer.

L'ÉQUILIBRE VIE PERSONNELLE/VIE PROFESSIONNELLE

LE MANAGEMENT HUMAIN

La pandémie et surtout les confinements ont montré deux choses contradictoires aux salariés :

- Être plus souvent chez soi permet de passer plus de temps avec sa famille (pour celles et ceux qui en ont une à domicile, bien entendu).
- Il n'est pas toujours simple de ne pas laisser le travail envahir sa sphère privée.

Le télétravail à marche forcée a grandement accéléré les réflexions sur l'équilibre vie privée/vie professionnelle. Et le constat est finalement assez évident et semblable à celui que l'on pouvait faire avant la pandémie : le coupable tout désigné, c'est le numérique !

Pour les plus anciens d'entre nous, qui avons commencé notre carrière professionnelle au siècle dernier sans e-mails, sans smartphones et sans ordinateurs portables, nous savons ce que le mot « week-end » signifie. Pas un contact avec son travail, pas de tentation de « s'avancer pour sa semaine ». Du lundi au vendredi, aucune soirée n'était interrompue par le message d'un boss qui avait subitement eu une idée de génie à 22 heures.

Ce qui est intéressant ici, c'est qu'avant l'apparition des smartphones, quand je partais en vacances, je disais déjà qu'il me fallait quelques jours pour vraiment déconnecter du travail. Lorsqu'on parle de déconnexion aujourd'hui, on a plus à l'esprit le fait de ne plus être accroché à son smartphone que le fait de ne plus penser à son travail, du tout.

Le manager bienveillant 2.0 doit être conscient de ces problématiques qui, avec le travail en distanciel, deviennent de plus en plus complexes. De fait, le télétravail donne une souplesse d'organisation pour chaque salarié ; souplesse qui limite grandement la mise en place de règles communes, en comparaison avec le présentiel. Cependant, si chaque individu peut s'organiser comme il le souhaite, le manager doit fixer des règles strictes de « vie en commun ».

RESPECTER LA VIE PERSONNELLE DE SES COLLÈGUES

Si je travaille de 19 heures à 21 heures parce que j'ai décidé de faire un tennis avec un ami entre 16 heures et 18 heures, c'est mon choix. Je ne dois en aucun cas imposer aux autres mon propre rythme. Ainsi, il est important qu'aucun échange numérique n'ait lieu en dehors des horaires « classiques » de présence en entreprise.

Si une idée vous vient à 21 heures, vous pouvez écrire un e-mail à votre équipe… mais vous l'enverrez en différé afin de ne pas déranger vos collaborateurs. Le bon équilibre vie privée/vie professionnelle suppose qu'il existe, tous les jours, des phases de totale déconnexion numérique, émotionnelle et intellectuelle vis-à-vis de son travail.

> LE REGRET EST UNE SECONDE ERREUR.
>
> Raymond Latarjet

GAGNER EN EFFICACITÉ

Plus un salarié est en bonne santé psychologique, plus il sera performant ; c'est désormais un fait établi et accepté par tous. Et pourtant, une journée ne compte jamais que vingt-quatre heures. Les exigences en termes de performances sont de plus en plus grandes, ce qui peut pousser à grappiller du temps professionnel sur son temps personnel. La solution pour le manager bienveillant 2.0 ? Lutter contre les temps improductifs. Quelques exemples simples.

ORGANISER DES RÉUNIONS EFFICACES

Sur une réunion d'une heure, moins de 50 % du temps est consacré véritablement au sujet de la réunion. Un salarié français passe en moyenne vingt-quatre jours de vingt-quatre heures en réunion chaque année… et donc, factuellement, il perd douze jours de vingt-quatre heures à ne rien faire.

Si un manager décide de rendre ces réunions réellement efficaces, cela permettra de gagner dix-huit jours travaillés par an !

Point d'attention

Une réunion efficace, c'est quoi ?

- **Un ordre du jour précis** afin de répondre à cette question simple : à quoi sert la réunion et quel est le résultat attendu ?
- **Un nombre d'invités limité à cinq** pour être capable de répondre à cette question : quel apport est attendu de la part de chaque participant ?
- **Exclusion des smartphones et des ordinateurs pendant la réunion.** Un collaborateur qui lirait ses e-mails pendant une réunion mettrait deux fois plus de temps qu'un autre à comprendre de quoi on parle !
- **Une durée prédéfinie,** si possible trente minutes. L'organisateur de la réunion est le garant du timing. En cas de digression, il lui appartient de recentrer le débat. Bien souvent, une réunion dure beaucoup plus longtemps que prévu à cause de parenthèses ou de bavardages.

- **Un compte rendu de la réunion,** sous la forme de « points d'action », envoyé aux participants dans la demi-heure qui suit la fin de la réunion.

ÉCRIRE DES E-MAILS COURTS

Saviez-vous que plus un mail est long, moins il est lu ? Lequel des trois e-mails ci-dessous liriez-vous de façon certaine ?

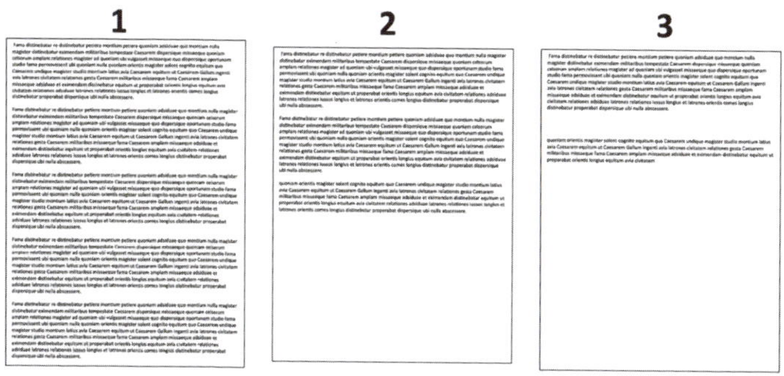

Le numéro 3, n'est-ce pas ? Une étude réalisée sur plus d'un million d'e-mails a montré que le taux de lecture de l'e-mail nº 2 était 47 % supérieur à l'e-mail nº1, et que le taux de lecture de l'e-mail nº 3 était 24 % supérieur à l'e-mail nº 2 !

Il est important de demander à son équipe d'apprendre à écrire des messages courts utilisant un vocabulaire simple. Voici un petit exemple. Voyez l'e-mail suivant :

Bonjour,

Je me permets de te faire remarquer qu'en tout état de cause, sauf erreur de ma part, et toute considération prise des éléments qui ont été portés à ma connaissance, je me vois dans l'obligation de te faire cette missive formelle afin que tu puisses faire ce qui doit être fait pour régler la problématique issue du sujet dont fait l'objet de cet e-mail, car, comme tu t'en doutes très certainement, il ne serait pas acceptable, tant sur le plan du fonctionnement que de la motivation pour les équipes, que la situation puisse durer encore longtemps, sachant que, tout de même, cela fait une semaine que je vous ai fait parvenir mon premier message afin de vous sensibiliser au sujet et que j'ai tout de même le sentiment que vous n'accordez pas une grande attention à ce que je vous dis et que je vous demande de considérer cet e-mail comme une dernière demande avant que le ton monte et que je vous remercie par avance de bien vouloir commander du café.

Eh bien, cet e-mail atroce aurait pu être remplacé par celui-ci :

Bonjour,

J'espère que tu vas bien.
Il n'y a plus de café. Aurais-tu la gentillesse d'en commander ?
1 000 mercis par avance.

Avouez qu'en plus de vous faire gagner du temps, c'est plus agréable à lire, non ?

Le manager bienveillant 2.0 est attentif à toutes ces petites choses qui font perdre un temps fou et vont, d'une certaine façon, pousser les collaborateurs à rogner sur leur temps personnel pour finir des tâches professionnelles.

De la même manière, il est important que le temps personnel reste du temps personnel. Trop souvent, quand un salarié est en télétravail, il remplace son temps de transport habituel par du temps de travail. Malheureusement, il ne finit pas sa journée plus tôt pour se détendre. Pendant le premier confinement, le temps de travail des salariés en télétravail a augmenté en moyenne de quarante-huit minutes, et cela a bien entendu eu un impact sur la santé psychologique de ceux-ci.

La gestion par objectif, que nous avons évoquée précédemment, permet de gérer ce point de façon optimale et de réfuter la loi de

Parkinson, du nom d'un historien et politologue spécialiste de la philosophie politique anglais. Cyril Northcote Parkinson a prouvé qu'un salarié adapte le temps consacré à une tâche au temps dont il dispose. Ainsi, si une tâche prend quatre heures, un salarié qui aurait cinq heures à sa disposition réduirait son niveau de productivité afin de faire correspondre les deux. Voilà l'effet du présentéisme ! Le manager bienveillant 2.0 lutte contre cela. Ce qui compte à ses yeux, c'est que la tâche soit accomplie et que son collaborateur se sente bien. Aussi préfère-t-il un salarié qui passe quatre heures au travail et se détend ensuite, à celui qui passe quatre heures sur une tâche puis une heure à faire semblant de travailler.

PENSER À SOI

« Charité bien ordonnée commence par soi-même. » Le proverbe est bien connu. Un manager dont toute l'équipe est en *flex* horaire ne peut être présent pour tout le monde en permanence. Idéalement, il doit informer son équipe des moments où il sera joignable, où il consultera ses messages. L'un des travers constatés chez les managers, dans la période récente et du fait de l'éloignement, est l'explosion des heures travaillées.

Exemple : Cela me rappelle l'époque où mon bureau était à Paris, et où je travaillais à la fois avec des Japonais, des New-Yorkais et des Californiens. Sans organisation adaptée, j'aurais pu travailler 24 h/24 afin d'être présent aux mêmes heures de bureau que tout ce petit monde. Heureusement, l'organisation mise en place était très simple : les Japonais pouvaient me contacter le matin – l'après-midi au Japon –, et les Américains, l'après-midi – le matin aux États-Unis. Tous savaient que sur leur deuxième demi-journée respective, je n'étais ni joignable par téléphone ni par e-mail. Eh bien, pour garantir un bon équilibre vie privée/vie professionnelle, le manager doit en faire de même avec son équipe et mettre en place des plannings clairs.

C'EST VOUS QUI LE DITES

« J'ai constaté que beaucoup de mes clients ne savaient absolument pas gérer leur équilibre vie pro/vie perso quand ils sont en télétravail. Il est vraiment très très important que son chez-soi ne se transforme pas en bureau bis, sous menace de surmenage ! »

Franck, coach

« J'ai adoré le premier confinement qui a obligé mon entreprise à nous donner du télétravail. Maintenant, je suis trois jours en télétravail, deux jours au bureau, et c'est génial parce que grâce à ça, je suis moins stressée, je passe plus de temps avec ma famille et, truc de dingue, je suis plus productive en passant moins de temps au travail ! J'adore !!! »

Sophie, experte-comptable

« Avant, quand j'étais en télétravail, je m'installais un peu partout dans la maison avec mon ordi portable, y compris dans mon lit avant d'aller dormir. En fait, ma maison était devenue mon bureau. Depuis que je me suis installé un vrai coin bureau (il n'est pas grand, mais il existe), ça va beaucoup mieux. Je dors mieux, je suis moins stressée, je profite dix fois plus de ma vie personnelle, car ma vie pro ne vient plus interférer ! »

Laure, commerciale

INSTAURER DES RITUELS

L'une des problématiques du travail hybride, qui mélange télétravail et présentiel, est d'augmenter le temps de travail pendant le télétravail. Or, au même titre qu'un manager va donner des règles de fonctionnement et des conseils quand l'équipe est au bureau, il doit le faire en distanciel et proposer la mise en place de rituels.

En présentiel, il est assez simple d'identifier le début et la fin de la journée de travail... En revanche, quand on travaille chez soi, ce n'est pas si évident. Les rituels de début et de fin de journée ont donc leur importance, afin que nous ne laissions pas le travail envahir notre sphère privée.

EN DÉBUT DE JOURNÉE

Il est essentiel de faire comme si vous alliez au travail. On ne travaille pas en pyjama dans son lit ! C'est le meilleur moyen d'envoyer à votre cerveau le message que votre lit est un espace de travail comme un autre. Il est important d'organiser, chez vous, un lieu, aussi petit soit-il, totalement consacré à votre travail afin de pouvoir établir une séparation claire entre vos deux vies. Ainsi, quand vous vous installez dans cet endroit, votre journée de travail commence vraiment. La tentation peut être forte de commencer sa journée de travail en épluchant ses e-mails professionnels pendant le petit déjeuner : mauvaise idée, à moins de déduire ce temps de travail de votre journée globale.

EN FIN DE JOURNÉE

Ce rituel est probablement plus important que le précédent, car c'est véritablement lui qui crée la frontière entre la vie professionnelle et la vie personnelle. Quand vous décidez que votre journée est terminée, partez en promenade, faites du sport ou toute autre activité qui va vous détendre. Et répétez ce rituel tous les jours, car celui-ci joue le même rôle que le temps de transport entre votre bureau et chez vous : un sas de décompression. Et ce dernier est très très important.

Bien entendu, le manager bienveillant 2.0 parle de ces principes à son équipe afin qu'elle puisse apprendre à télétravailler sans risquer un burn-out !

Le manager bienveillant 2.0 se sent responsable du bon équilibre vie personnelle/professionnelle des membres de son équipe. Mieux, il en est le garant.

POINT D'ATTENTION

Il est absolument fondamental de faire un point sur le sujet de l'équilibre vie privée/vie professionnelle avec son équipe. En effet, nous en avons toutes et tous une vision très subjective alors qu'il existe des critères très concrets pour le mesurer. Un exemple : quel est le dernier jour que vous avez passé, du réveil au coucher, sans penser une seule fois à votre travail ? Si ce dernier jour n'était pas le week-end dernier, vous avez fait un pas de plus vers le burn-out !

Ce qui est inquiétant pour vous l'est également pour votre équipe, d'où l'importance de faire ce point formel, de façon collective et individuelle, si vous constatez un cas problématique. Vous êtes, en tant que manager, le premier rempart contre le burn-out ! Et c'est pour cela que vous devez exprimer sans aucune équivoque le fait que le bien-être personnel de votre équipe vous importe.

Mais pour ce faire, il faut que vous déculpabilisiez votre équipe de ne pas être connectée H24. Bien souvent, l'hyperconnexion est liée au fait que l'on veut se faire bien voir aux yeux de sa hiérarchie, que l'on veut montrer que l'on est impliqué. En verbalisant le fait que, pour vous, l'hyperconnexion est un défaut plutôt qu'une qualité, vous aiderez un grand nombre de vos collaborateurs à retrouver un bon équilibre !

Pour préparer ce point important avec votre équipe, voici les questions que vous devez poser :

- Pensez-vous avoir un bon équilibre vie privée/vie professionnelle ?
- Envoyez-vous souvent des e-mails en dehors de vos horaires de travail ?
- Pensez-vous au travail le soir ou le week-end ?
- Pensez-vous que je pourrais vous aider à avoir un meilleur équilibre vie privée/vie professionnelle ?

Test : avez-vous un bon équilibre vie privée/vie professionnelle ?

Vous regardez vos e-mails professionnels en dehors de vos horaires de travail :

■ Tout le temps.

● Cela peut m'arriver.

+ Jamais.

Quand vous vous endormez, vous pensez au travail :

+ Jamais.

■ Souvent.

● Ça peut arriver.

Votre premier contact avec vos e-mails professionnels chaque jour :

- ■ Au réveil.
- + Quand commence votre journée de travail.
- ● Pendant le petit déjeuner.

Direz-vous que vous travaillez plus que de raison en termes de nombre d'heures ?

- + Non, ça va.
- ● Plutôt oui.
- ■ Carrément, mais c'est normal, je suis ambitieux(se).

Ce qui vous apporte le plus de joie

- ■ Ma vie professionnelle.
- ● Ma vie personnelle.
- + Les deux, pour des raisons différentes.

VOUS AVEZ PLUS DE :

+ **Vous êtes le(la) champion(ne) de l'équilibre vie privée/vie professionnelle, bravo !** Vous n'accordez pas plus d'importance à l'une qu'à l'autre, mais vous savez précisément ce que chacune peut vous apporter, de façon bien distincte. Vous comprenez que vous pouvez être épanoui(e) professionnellement sans nécessairement sacrifier votre vie privée. Vous avez conscience d'agir parfois à contre-courant par rapport à certains collègues qui sont prêts à organiser des réunions à 19 h 30 un vendredi, mais cela vous importe peu, car vous avez conscience que la vie professionnelle peut facilement dégrader votre qualité de vie personnelle.

● **Vous avez un équilibre vie personnelle/vie professionnelle qui est correct, mais qui peut largement être amélioré.** La déconnexion totale est un vrai problème pour vous, qu'elle soit numérique ou psychologique. Vous en avez profondément conscience, mais vous ne savez pas toujours par quel bout l'attraper. Vous êtes partagé(e) entre votre désir d'avoir une vie personnelle riche et celui de vous impliquer dans votre travail. Pas d'inquiétude, la prise de conscience est une très bonne chose et le premier pas vers une amélioration significative.

- **Avez-vous vraiment une vie personnelle ?** Vous êtes très impliqué(e) dans votre vie professionnelle, et personne ne pourra vous le reprocher. Néanmoins, il faut faire attention au burn-out ! Vous pouvez tout à fait vouloir vous impliquer dans votre carrière à 100 %, mais sachez que même une voiture de Formule 1 doit faire un arrêt au stand, sinon elle tombe en panne. Reposez-vous une fois de temps en temps, faites une vraie coupure. Ne pas regarder vos e-mails professionnels pendant tout un week-end est une torture pour vous : alors, essayez petit à petit. Dimanche prochain, n'allumez pas votre téléphone professionnel, sans culpabiliser. Si cela peut vous aider, parlez-en à votre manager qui, j'en suis certain, ne verra aucun inconvénient à se passer de vous un dimanche…

LA BONNE QUESTION À SE POSER
FAUT-IL REGRETTER LE MONDE D'AVANT ?

La question de l'équilibre vie professionnelle/vie personnelle n'a jamais autant été sur le devant de la scène. Je travaillais déjà sur ce sujet avant la pandémie, mais visiblement de nombreux managers ont pris conscience, entre autres grâce au télétravail, de l'importance de cet équilibre et surtout des bénéfices qu'ils peuvent en tirer.

Selon une enquête ANDRH/BCG, 85 % des DRH souhaitent que leur entreprise pérennise le télétravail. Mieux, ils en attendent un certain nombre de bienfaits : meilleure réponse aux attentes des collaborateurs, attractivité accrue, augmentation de la productivité, réduction de l'empreinte carbone de l'entreprise, baisse des frais fixes. Ils sont par ailleurs 93 % à penser que le télétravail va bouleverser les pratiques managériales.

Malheureusement, un très grand nombre de managers, notamment dans les PME, ne se sont pas convertis au télétravail et souhaitent un retour au « monde d'avant ». Pour ces derniers, le télétravail est contre-productif, et il leur semble urgent de revenir à du 100 % présentiel. Si les chiffres qui montrent que le télétravail a un impact positif sur les résultats de l'entreprise ne suffisent pas, voici un point sur la réalité du 100 % présentiel.

L'ENGAGEMENT

Il me semble important de rappeler les résultats de l'étude Gallup, « State of the Global Workplace », sortis en 2017 et qui mesuraient l'engagement – autrement dit, la motivation – des salariés en entreprise. Les chiffres parlent d'eux-mêmes :

	Monde	Europe de l'Ouest	Managers
Engagés	15 %	10 %	28 %
Non engagés	67 %	71 %	63 %
Désengagés	18 %	19 %	9 %

L'engagement dans le monde pré-Covid était faible, voire très faible. Si la moyenne des salariés engagés en Europe de l'Ouest est de 10 %, il tombe à 6 % pour les salariés français. Vous l'aurez compris, vouloir remettre en place un environnement de travail identique à ce qu'il était en 2017 ne semble a priori pas la meilleure idée du monde. Le télétravail est-il LA solution ? Non, bien entendu, il ne peut être l'alpha et l'oméga de l'engagement, mais une chose est certaine, l'organisation du travail telle que nous la connaissions avant le confinement a montré ses limites.

LA CONCENTRATION

L'une des craintes des managers anti-télétravail, c'est que leurs équipes passent leurs journées devant Netflix plutôt que de travailler. Cette crainte est totalement légitime. Mais comment un manager peut-il être certain qu'un de ses collaborateurs travaille véritablement lorsqu'il est derrière son ordinateur, en présentiel ?

En 2014, une étude réalisée par Olfeo, une entreprise française spécialisée dans l'édition de logiciels de sécurité Internet, a montré qu'un salarié passait en moyenne, chaque jour, cent treize minutes à surfer sur Internet, dont cinquante minutes pour des raisons personnelles. Cette étude menée en Allemagne, en Belgique, en France, au Luxembourg et en Suisse prouvait que le gentil salarié en présentiel pouvait donner l'impression de travailler alors qu'en fait il regardait des vidéos de petits chats sur YouTube ! Rapportées à une année, ces cinquante minutes quotidiennes représentent vingt-cinq jours.

Cela porte un nom : le présentéisme. Quand un grand nombre de pays voient leur journée de travail se finir entre 16 heures et 17 heures, d'autres, comme la France, sont persuadés que l'implication d'un salarié se mesure au temps qu'il passe sur son lieu de travail.

LE TEMPS PERDU

Le monde d'avant, c'est le monde du métro, boulot, dodo. Vous vous rappelez ? Les embouteillages, les transports bondés, la course perpétuelle après le temps... Selon une étude de la DARES réalisée en 2015, en France, le temps moyen d'un aller-retour domicile/travail est de cinquante minutes. Sur une année, cela représente huit jours passés dans les transports. Huit jours qui sont non seulement totalement improductifs, mais qui, de plus, génèrent de la pollution et du stress.

Toutes les personnes qui ont expérimenté le télétravail le savent : se passer des transports pour aller travailler est une chose absolument formidable, pour le temps gagné et pour le bien-être.

L'ABSENTÉISME

Il serait intéressant de voir si les chiffres de l'absentéisme évoluent avec l'augmentation du télétravail. Dans le monde d'avant, les chiffres de l'absentéisme représentaient :

- en France : 16,6 jours (en 2015) ;
- en Espagne : 10,7 jours (en 2015) ;
- en Allemagne : 15,2 jours (en 2015) ;
- en Italie : 19 jours dans le privé et 17,9 dans le public (en 2014) ;
- en Belgique : 14 jours (en 2011) ;
- au Royaume-Uni : 5,3 jours (en 2015).

La première cause d'absentéisme est le stress généré par le travail. Son coût a été estimé en 2019 à 108 milliards d'euros par an pour l'économie française. Je suis prêt à parier que, dans les années à venir, ce niveau d'absentéisme en régulière augmentation, commencera à reculer dans les entreprises qui auront une politique intégrant deux ou trois jours de télétravail par semaine. Un meilleur équilibre vie personnelle/vie professionnelle apporte plus de bien-être personnel et permet de réduire le stress lié au travail.

Avant le Covid-19, seulement 16 % des entreprises françaises avaient des accords de télétravail. C'est peu, et cela montre à quel point le sujet a mis du temps à s'imposer. Sans même parler des vertus du travail à distance, force est de constater que le « monde d'avant » n'est pas le paradis perdu que semblent regretter les ennemis du télétravail.

Le manager du XXe siècle	Des e-mails à toute heure du jour et de la nuit, sept jours sur sept. Le manager du XXe siècle ne déconnecte jamais et, pire, il empêche son équipe de déconnecter.
Le manager bienveillant	Le manager bienveillant est attentif à ne pas perturber le temps de vie personnelle de son équipe. Il cale sa présence numérique sur sa présence physique au travail et veille à ce que son équipe fasse de même.
Le manager bienveillant 2.0	Très vigilant à l'équilibre vie privée/vie professionnelle de son équipe, le manager bienveillant 2.0 n'en est pas pour autant ignorant de l'invasion du numérique dans le quotidien de ses collaborateurs et de la diversité de ses utilisations. Il autorise un *flex* horaire numérique en veillant à ce qu'aucun membre de son équipe ne passe sa vie à travailler. Un collaborateur peut se connecter de 21 heures à 23 heures si tant est qu'il n'ait pas travaillé de 15 heures à 17 heures et qu'il ne demande à personne d'autre de suivre ses horaires.

POUR ALLER PLUS LOIN

DEUX SOLUTIONS SIMPLES POUR FAVORISER L'ÉQUILIBRE VIE PRIVÉE/VIE PROFESSIONNELLE

Bon nombre d'entreprises organisent des formations sur le sujet, comme si le problème venait des collaborateurs et non pas d'elles-mêmes… Mais nous avons bien entendu une responsabilité individuelle forte en tant que managers sur la question.

L'entreprise constate que cet équilibre est essentiel pour que l'implication de ses collaborateurs soit maximale, mais elle ne change qu'à la marge ses règles de fonctionnement, notamment en matière d'usages numériques. Lorsqu'elle propose des formations sur le sujet, elle déporte le problème sur le collaborateur. Mais celui-ci a peut-être un manager qui, lui, se fait un malin plaisir à organiser des réunions le vendredi à 19 heures ou à envoyer des e-mails à 22 heures en exigeant une réponse immédiate !

CHANGER SA RELATION AU TEMPS ET À SON ORGANISATION

En France, il existe un gigantesque paradoxe : notre implication est souvent mesurée à l'aune du temps passé au bureau plutôt qu'à ce que nous produisons. Rester tard au bureau est un gage de motivation, même si vous ne faites rien ; tout le monde trouve cela ridicule, mais pas grand-monde n'agit contre cet état de fait.

Selon une étude Edenred, 43 % des Français prennent une pause-déjeuner de plus de quarante-cinq minutes. Sur les 14 pays étudiés :

- Le Mexique se place au même niveau que la France suivie de l'Italie (68 %) et du Japon (62 %).
- La Grèce est le pays où la pause-déjeuner est la plus courte, avec seulement 9 % des salariés qui profitent de plus de trente minutes.
- Aux États-Unis, 62 % des salariés prennent une pause-déjeuner de moins de trente minutes. Au Royaume-Uni, ils sont 73 %.

Et devinez quoi ? Pour avoir beaucoup travaillé avec les États-Unis, j'ai toujours été surpris de constater que, passé 18 heures, il était très compliqué de joindre un interlocuteur outre-Atlantique, quel que soit son niveau hiérarchique. Le directeur général d'une grande entreprise de médias new-yorkais, avec qui je discutais de ce point, m'avait répondu cela : « Et si je ne suis pas devant l'école de mon fils à 18 h 30, je le verrai quand ? » Nous, les Français, pensons que la pause-déjeuner est une vraie détente. Cela est sans aucun doute possible en télétravail, mais en présentiel, cette pause est majoritairement faite avec des collègues et on y parle… travail !

Bref, l'équilibre vie privée/vie professionnelle passe probablement par notre relation au temps : cesser de croire qu'un collaborateur qui part à 20 heures est forcément plus impliqué qu'un autre qui part à 18 h 30 ; ne plus passer trop de temps à déjeuner. Citons le truculent Jacques Mailhot qui définit ainsi les déjeuners de travail : « Ils sont en général totalement stériles pour la simple raison que le bon usage veut qu'on ne parle jamais la bouche pleine. »

LE CONGÉ MATERNITÉ OU LA DISCRIMINATION À L'EMBAUCHE

La problématique de l'équilibre vie privée/vie professionnelle devient plus présente encore avec la naissance d'un enfant.

Dans l'inconscient collectif, il est bien ancré que c'est une problématique féminine. Nos sociétés ont intégré que, lorsqu'un enfant arrive dans un foyer, la vie privée prend forcément le pas sur la vie professionnelle. Or, il n'est pas encore accepté qu'un homme s'occupe de ses enfants quotidiennement et parte du bureau à 17 heures pour aller les chercher à l'école.

En Allemagne, avoir un enfant reste un handicap majeur, pour ne pas dire rédhibitoire, dans la carrière d'une femme. En France, c'est (un peu) moins le cas, même si l'on continue à penser que c'est la femme qui assumera les sorties d'école. Cela n'est cependant pas le cas partout, et cela commence dès la grossesse !

Encore aujourd'hui, bien que ça soit illégal, on demande à de nombreuses femmes sans enfant, lors d'un entretien : « Et sinon…

vous comptez avoir des enfants ? » Soyez certains, cette question n'est absolument jamais posée à un homme, et ce, malgré l'évolution des comportements et leur plus grande implication dans l'éducation des enfants. Que faire ?

Devrait-on copier la Suède? Depuis 1974, ce pays propose un congé parental de seize mois, commun aux deux parents, utilisable jusqu'aux huit ans de l'enfant, et que l'homme et la femme décident de répartir entre eux.

Des entreprises comme Leetchi n'ont pas attendu un changement de législation. Certaines imposent aux hommes de prendre un congé paternité rallongé, d'autres – de plus en plus nombreuses – proposent d'aller au-delà des vingt-huit jours décrétés par la loi (Kering, Ikea, Chanel ou encore L'Oréal qui est passée à six semaines depuis mars 2019).

6

MANAGER BIENVEILLANT, COACH OU LEADER ?

LE MANAGEMENT MULTIPLE

Lorsqu'on en vient à parler de management, un grand nombre de théories se présentent et parfois s'affrontent. Faut-il être bienveillant, coach, leader, les trois à la fois ?

Quand j'ai commencé à réfléchir au concept de manager bienveillant 2.0, je me suis demandé si je n'ajoutais pas une nouvelle couche à ce millefeuille théorique déjà complexe. Vous allez voir qu'il n'en est rien !

Les trois formes de management citées ci-dessus sont-elles trois points de vue sur une même réalité ou décrivent-elles trois types de managers bien différents ? Eh bien... les deux. Quand on en vient à parler de relations humaines rien n'est ni tout noir ni tout blanc. Laissez-moi vous expliquer les différences essentielles entre ces trois types de management avant d'entrer dans les détails.

LE MANAGER BIENVEILLANT

Le manager bienveillant met l'humain au-dessus de toute chose. Ce manager se soucie du bien-être de son équipe et est prêt à prendre des risques pour qu'elle se sente protégée. Le manager bienveillant est toujours juste.

Son travers : il peut facilement tomber dans une relation amicale avec son équipe et oublier de se concentrer sur l'atteinte des objectifs globaux.

LE MANAGER COACH

Le manager coach met l'atteinte du résultat au-dessus de toute chose. Il fait en sorte que chaque membre de son équipe puisse donner le maximum de son potentiel. Comme pour l'entraîneur d'une équipe de sport, gagner la coupe est son obsession. Le manager coach est expert dans le domaine d'activité de son équipe.

Son travers : il peut se concentrer sur les « meilleurs » éléments de son équipe et oublier sur le bord de la route ceux qui devraient être formés, accompagnés ou aidés.

LE LEADER

Le manager leader a un objectif précis. Les autres le suivent pour sa vision ; on appelle cela le leadership. Un exemple de leader est Steve Jobs. Manager humainement est très dur, mais comme en témoigne sa biographie, le cofondateur d'Apple a réussi à entraîner les salariés derrière lui grâce à sa vision.

Son travers : il peut devenir autoritaire et considérer sa vérité comme la seule possible, quels que soient les résultats obtenus. Il est l'archétype du chef cuisinier à l'ancienne qui hurle sur tout le monde.

Rares sont donc les managers qui correspondent à 100 % à une seule catégorie. Rares sont aussi ceux qui entrent dans les trois. Plus nombreux sont ceux qui mélangent deux catégories. Il n'existe pas de manager parfait dans l'absolu. Et beaucoup de choses dépendent totalement du domaine d'activité. Il est clair que les impératifs en matière de management ne sont pas les mêmes pour une équipe de comptables, une équipe de commerciaux ou une chaîne de production. La question est de savoir précisément ce qu'exige telle ou telle équipe.

> LE MEILLEUR MANAGER EST CELUI QUI SAIT TROUVER LES TALENTS POUR FAIRE LES CHOSES, ET QUI SAIT AUSSI RÉFRÉNER SON ENVIE DE S'EN MÊLER PENDANT QU'ILS LES FONT.
>
> Théodore Roosevelt

Ce qui me gêne de plus en plus avec ces théories, c'est que, finalement elles peuvent atteindre l'objectif inverse de celui visé et font culpabiliser certains managers qui se disent « Mince, je ne suis pas comme ci ou comme ça, je dois être un mauvais manager. » Pour synthétiser à l'extrême, le rôle d'un manager se résume à deux missions fondamentales :

- gérer une équipe ;
- faire en sorte que cette équipe atteigne des objectifs précis.

C'est en partant de ces deux axes que j'ai dessiné la typologie suivante, qui permet de visualiser clairement comment se positionne chaque type de manager. Et que pouvons-nous constater ? Que les comportements extrêmes ne peuvent être efficaces en entreprise.

LE 100 % LEADER

Voici un manager qui pense avoir une idée géniale, qui embarque son équipe sans se soucier de son avis et l'amène, gentiment, droit dans le mur. Ce type de manager est beaucoup plus courant qu'on l'imagine. Aucune écoute de son équipe, un ego surdimensionné, il est convaincu d'avoir toujours raison.

LE 100 % BIENVEILLANT

Le manager copain, celui dont rêvent tous les salariés, ne fait pas avancer la cause pour laquelle il est censé travailler : son entreprise. Ce manager confond bienveillance et gentillesse. Il est incapable, par exemple, de sanctionner un collaborateur qui n'est pas à la hauteur.

LE 100 % COACH

Le dernier archétype est le manager qui a vu trop de films sur les camps d'entraînement des marines. Il se prend au sérieux, pense que sa vie dépend de l'atteinte des résultats et en oublie le principal : que son équipe est constituée d'êtres humains qui ont besoin d'attention.

L'HYBRIDE : LE MANAGER BIENVEILLANT 2.0

Vous l'aurez compris, dans une entreprise idéale, tous les managers devraient être un mix des trois types de manager. Dans la réalité, voici les managers que nous rencontrons en entreprise :

- Le manager coach ou le manager leader qui prête attention à l'humain. Ces managers sont parfaits pour conduire des équipes soumises à des objectifs précis et récurrents comme des équipes commerciales ou des équipes de production.
- Le manager bienveillant ou le manager leader qui prête attention aux résultats. Ces managers sont parfaits pour conduire des équipes avec des objectifs à moyen ou long terme (finances, marketing, communication).
- Le manager que j'appelle « tout terrain » est à la fois coach et bienveillant, et sait faire preuve de leadership. Idéalement, tous les dirigeants devraient recruter ce type de profil afin qu'ils puissent comprendre et accompagner tous les autres profils de managers dans leurs équipes.

C'EST VOUS QUI LE DITES

« Je n'ai pas de formation sur le management, j'ai donc lu, beaucoup. Coach, leader, bienveillant, j'étais vraiment perdue au milieu de tous ces concepts et, finalement, j'ai compris qu'en étant moi, avec un peu de bon sens et d'humanisme, tout se passerait bien… et c'est le cas ! »

Carole, architecte

« Je suis devenue une bonne dirigeante le jour où j'ai compris que ce qui était important était moins les objectifs à atteindre que la façon dont nous pouvions les atteindre ensemble. Sans mes équipes, il n'y a pas d'entreprise. J'ai donc tout misé sur elles, et ça fonctionne comme jamais. »

Annie, directrice générale

« Avant, j'étais très autoritaire. Je voulais que mon équipe fasse tout exactement comme je le voulais. J'avais beaucoup de démissions chaque année jusqu'à ce que je lâche prise et que je comprenne que ce n'est pas parce que je suis manager que je suis le meilleur pro. Maintenant, je m'appuie beaucoup plus sur mes équipes, je les écoute, et pardonnez-moi cette familiarité : je kiffe ! »

Michel, directeur financier

Ce que je trouve rassurant, c'est qu'il n'existe pas un profil parfait. En fonction de notre personnalité, nous pouvons être tel ou tel manager. Bien entendu, des formations existent pour apprendre les bases du leadership, de la bienveillance ou du coaching, et développer petit à petit un profil « tout-terrain ». En général, l'un des trois traits est inné. Avec l'expérience, nous gommons ces traits de caractère pour n'en garder que les aspects positifs et en acquérir d'autres. C'est cela qui est formidable dans le métier de manager... rien n'est figé ad vitam æternam.

Test : quel manager êtes-vous ?

Les objectifs ne sont pas atteints, vous réunissez votre équipe et :

- ■ Vous les stimulez par un discours motivant.
- ● Vous leur expliquez que vous serez plus souvent présent(e) pour les accompagner.
- ✚ Vous dédramatisez et cherchez une solution.

Vos réunions d'équipe :

- ✚ Vous écoutez, ils parlent.
- ■ Vous parlez, ils écoutent.
- ● Ça dépend des sujets.

Un collaborateur n'est pas d'accord avec l'une de vos décisions :

- ■ Vous imposez votre point de vue en tant que manager.
- ✚ Vous l'écoutez, vous pouvez changer d'avis.
- ● Vous lui expliquez pourquoi il se trompe.

Vous avez une réunion d'équipe importante et vous êtes malade :

- ✚ Vous vous reposez.
- ● Vous organisez la réunion en visio.
- ■ Vous prenez des vitamines et vous y allez.

Votre modèle de manager :

- ■ Steve Jobs, le fondateur d'Apple.
- ✚ Richard Branson, le fondateur de Virgin.
- ● Aimé Jacquet, ex-entraîneur de l'équipe de France de football.

VOUS AVEZ PLUS DE :

+ **Vous êtes plutôt bienveillant,** vous mettez l'humain au-dessus de toute chose et êtes soucieux que votre équipe se sente bien en venant travailler. Vous êtes prêt à prendre des risques pour qu'elle ait le sentiment d'être protégée. Le manager bienveillant n'est pas forcément « gentil », mais il est toujours juste. Son travers : il peut facilement tomber dans une relation amicale avec son équipe et oublier de se concentrer sur l'atteinte des objectifs globaux.

● **Vous êtes plutôt coach** et mettez l'atteinte du résultat au-dessus de toute chose. Vous faites en sorte que chaque membre de votre équipe puisse donner le maximum de son potentiel. Comme pour un entraîneur de football, gagner la coupe est une obsession. Le manager coach est expert dans le domaine d'activité de son équipe. Son travers : il peut se concentrer sur les « meilleurs » éléments de son équipe et oublier sur le bord de la route ceux qui devraient être formés, accompagnés ou aidés.

■ **Vous êtes plutôt leader,** vous avez une vision et un objectif précis pour lesquels les autres vous suivent. Son travers : il peut devenir autoritaire et considérer sa vérité comme la seule possible, quels que soient les résultats obtenus.

LA BONNE QUESTION À SE POSER
DOIT-ON ÊTRE UN LEADER POUR ÊTRE MANAGER ?

Bien souvent, les théories sur le management sont entourées de nombreuses injonctions ? Sois bienveillant, agis en leader, sois un coach, sois heureux, etc. Il y a de quoi penser qu'être (un bon) manager est devenu mission impossible.

Je vais tout de même en rajouter une : sois un manager bienveillant 2.0 ! En effet, au travail comme dans la vie quotidienne, notre comportement change en fonction des situations et des personnes que nous rencontrons. Il est donc illusoire de penser qu'un seul type de comportement peut nous permettre de nous sortir de tous les types de situations.

Cependant, certaines injonctions sont plus gênantes que d'autres. Être un leader est présenté comme une forme supérieure de management, comme s'il existait deux catégories de managers : les leaders… et les autres. Vous me direz « Bien entendu qu'un manager doit avoir du leadership. Être un leader c'est le top du top du management ! » Mais je me mets à la place des managers soucieux de devenir de meilleurs managers et je les entends me poser cette question : « Et moi… j'en ai du leadership ou pas ? » J'ai creusé la question et j'ai trouvé différentes définitions du « leadership ». Je vous en livre quelques-unes.

AVOIR UNE VISION

> LE LEADERSHIP EST LA CAPACITÉ À FAIRE D'UNE VISION UNE RÉALITÉ.
>
> Warren Bennis

Oui, c'est certain, un manager doit faire en sorte que son équipe atteigne des objectifs et réalise une vision. Cependant, ce que suppose la fonction de leader, c'est de créer cette vision. Prenez le cas d'Apple, Steve Jobs avait cette vision… Mais, en tant que manager, c'était un monstre ! Il n'hésitait pas à licencier quelqu'un qui osait le contredire. Si cet homme est admirable pour ce qu'il a fait… il ne l'était pas pour ses qualités de manager.

AVOIR UN EGO

> **UN LEADER EXCELLE LORSQUE LES GENS SAVENT À PEINE QU'IL EXISTE. QUAND SON TRAVAIL EST ACCOMPLI, SON OBJECTIF ATTEINT, ILS DISENT : ON L'A FAIT NOUS-MÊMES.**
>
> Lao-tseu.

Dans cette citation, le philosophe chinois sous-entend que le leader sait se faire discret, orienter sans forcer, suggérer sans imposer et valoriser ses équipes. Je crois que notre ami donne ici la définition du « manager bienveillant » qui met en valeur son équipe plutôt que lui-même.

Le leader, tel qu'on l'imagine, a un ego qui peut parfois déborder. Steve Jobs laissait peu de place à ses équipes et s'attribuait leurs succès. Nos leaders politiques ont plutôt tendance à dire « moi, je pense que » que « nous pensons que », ou encore moins « mon équipe pense que ». Le leader est autocentré. Cela peut être utile de temps à autre, mais travailler avec quelqu'un de totalement égocentrique ne doit pas être simple tous les jours.

A contrario, le manager doit faire preuve d'une dose certaine d'altruisme et savoir faire passer son équipe avant lui. En cas de succès, le leader se mettra en avant ; le manager bienveillant, lui, mettra son équipe en avant.

ÊTRE UN GUIDE

> UN LEADER EST QUELQU'UN QUI CONNAÎT LE CHEMIN, SUIT LE CHEMIN ET MONTRE LE CHEMIN.
>
> John Maxwell

Ah, voilà une définition intéressante ! En effet, connaître le chemin ne suppose pas de l'avoir créé ; montrer le chemin ne suppose pas de forcer tout le monde à l'emprunter. Ce leader-là est rassurant, tel le pilote qui sait exactement ce qu'il doit faire pour mener son équipage et ses passagers à bon port.

Mais il y a un petit problème sémantique si nous voulons associer le mot « leader » au mot « manager ». Dans la citation de John Maxwell, rien ne suppose que le leader a un lien hiérarchique avec les autres personnes du chemin… ce qui m'amène à une dernière citation.

UNE QUALITÉ PLUS QU'UN STATUT

> DEVENEZ LE GENRE DE LEADER QUE LES GENS SUIVRAIENT VOLONTAIREMENT. MÊME SI VOUS NE DÉTENEZ AUCUN TITRE OU POSITION.
>
> Brian Tracy

C'est en lisant cette phrase que j'ai compris tout le problème du leadership associé au management. Prenez le cas de Daniel Cohn-Bendit. En mai 1968, il ne dirigeait aucun mouvement syndical ou étudiant… et pourtant, l'histoire a retenu son nom comme celui d'un des leaders du mouvement étudiant.

Le leadership n'est ni affaire d'âge ni d'expérience, pas plus que de statut ou de position dans la hiérarchie… Il est affaire de charisme, de vision, de conviction et de courage. Dans les entreprises, il existe de nombreux leaders qui ne sont absolument pas managers, mais qui ont cette capacité à entraîner leurs collègues dans une direction ou dans une autre.

Être manager, ce n'est pas nécessairement être un leader. C'est savoir identifier dans ses équipes celles et ceux qui ont cette capacité de leadership afin d'entraîner tout le monde dans la direction souhaitée. Il existe des managers leaders, des leaders qui ne savent pas manager, des managers qui n'ont aucun leadership, et pour autant ces trois profils sont utiles dans une entreprise. Tout n'est qu'une question de métier et de moment.

Le leadership est une qualité humaine, au même titre que le sont le charisme ou l'empathie. Cela peut-il se travailler ? Sans doute, tout comme n'importe qui peut apprendre à jouer au piano, à deux doigts, la *Lettre à Élise* mais ne se transformera pas pour autant en virtuose. Nous avons tous des talents qui nous sont spécifiques, et je crois que c'est ce qui me gêne le plus avec le leadership tel qu'il est souvent présenté : un manager peut être brillant, excellent même, sans forcément être un virtuose du leadership !

Le manager du XXe siècle	100 % coach version robot. Il donne des ordres, l'équipe exécute. Le manager du XXe siècle n'est pas de ceux qui aiment partager la décision. Il tire son pouvoir, selon lui, de sa capacité à décider et à imposer. Sans le comparer à un dictateur, il en a tout de même quelques attributs.

Le manager bienveillant	100 % bienveillant, il se focalise avant tout sur le bien-être de son équipe. Il porte un regard global sur l'équipe, pas forcément individuel. Le manager bienveillant s'est construit en opposition au manager du xxe siècle, ce qui est déjà un grand pas en avant.
Le manager bienveillant 2.0	33,33 % coach, 33,33 % leader, 33,33 % bienveillant, le manager bienveillant 2.0 sait jongler entre ces différents rôles en fonction de la situation et a un management adapté à chaque personne. Le manager bienveillant 2.0 consacre plus de temps à la gestion de son équipe qu'à essayer d'impressionner en réunion les huiles de son entreprise.

POUR ALLER PLUS LOIN
POURQUOI VEUT-ON DEVENIR MANAGER ?

Savoir quel type de manager nous sommes est une bonne chose, ça peut aider. Mais une question fondamentale que chaque futur manager devrait se poser afin d'optimiser sa motivation est : pourquoi est-ce que je veux devenir manager ?

C'est vrai, pourquoi choisir un métier où la pression est forte, où l'on se fait souvent sermoner, où les problèmes à gérer le matin sont remplacés par les problèmes à gérer l'après-midi ? Sadomasochisme primaire ? Il y a probablement un petit peu de cela… mais pas que.

J'ai été le manager, pendant plus de vingt ans, d'équipes de quelques salariés à plusieurs centaines de personnes… et j'ai adoré ce métier. Et quand vous managez de grandes équipes, forcément, vous managez des managers ; vous les accompagnez, vous les formez. C'est cela qui m'a conduit vers le(s) métier(s) que j'exerce aujourd'hui. Dans ma carrière, j'ai croisé beaucoup de managers qui étaient un peu perdus. De mon côté, ce métier me semblait pourtant très « simple », car fondé sur le bon sens. J'ai donc décidé d'essayer d'expliquer comment bien le faire.

Devenir manager est un choix. Et il y a différents éléments qui poussent à accepter une mission de manager. Certaines de ces motivations vous permettront de tenir la pression, alors que d'autres finiront par s'effacer au point que vous vous demanderez : « Mais pourquoi ai-je accepté de m'embarquer dans cette galère ? » Si vous n'êtes pas encore manager, lisez bien ce qui suit !

LES RAISONS ÉPHÉMÈRES

Peu de managers vous le diront de façon aussi franche, mais les motivations égocentriques existent. Gagner plus d'argent, avoir un peu plus de pouvoir, briller socialement… Ces raisons sont réelles, surtout pour les managers de ma génération (autour de 50 ans), pour lesquels ce statut était un objectif de carrière, un aboutissement.

Moins de 20 % des membres des générations Y et Z souhaitent aujourd'hui devenir managers. Non pas parce qu'elles estiment que le métier n'a aucun intérêt, mais parce qu'elles savent qu'il est tout à fait possible de s'épanouir dans son travail et de « réussir » sans jamais devenir manager.

Je me rappelle parfaitement la fierté que j'ai ressentie lorsque j'ai eu mon premier poste de manager… Mais très vite, cette fierté a été remplacée par quelque chose d'autre : l'amour du métier.

> N'ESSAYEZ PAS DE DEVENIR UN HOMME QUI A DU SUCCÈS. ESSAYEZ DE DEVENIR UN HOMME QUI A DE LA VALEUR.
>
> Albert Einstein

LES RAISONS DURABLES

En fait, si les seules motivations pour être manager sont celles décrites au paragraphe précédent, il y a peu de chances que la personne devienne un bon manager. Pour être un bon manager, les motivations ne peuvent pas uniquement être autocentrées. Aujourd'hui, je ne suis plus manager et je sais parfaitement quelles sont les vraies motivations qui nous poussent à le devenir, car elles me manquent !

Le plaisir de la meute

Être manager, c'est guider une meute, s'assurer qu'elle se porte bien, se battre pour qu'elle aille le plus loin possible, être prêt à la défendre contre toute agression. Être manager, c'est être fier de se dire au quotidien que si des personnes aiment venir au travail, chaque jour, c'est en grande partie grâce à nous.

Le manager donne une direction, un sens à l'action collective… S'il ne s'est pas trompé en donnant cette direction, quelle satisfaction !

POINT D'ATTENTION

Je n'ai pas choisi le mot « meute » par hasard. En fait, lorsqu'elle se déplace, une meute de loups est organisée comme suit :

- À l'avant, les loups malades ouvrent la marche afin de régler le rythme du groupe et de n'être jamais lâchés. Leur progression n'est pas rapide, mais comme le dit le proverbe « seul, on va plus vite, ensemble, on va plus loin ! »
- Viennent ensuite les loups les plus forts qui peuvent agir immédiatement en cas d'attaque par l'avant.
- Au milieu, les plus faibles, notamment les louveteaux, qu'il faut à tout prix protéger, car ils sont l'avenir de la meute.
- Puis vient un autre groupe de loups forts qui a la charge de défendre la meute en cas d'attaque par l'arrière.
- Le dernier est le loup dominant, le leader de la meute, qui doit s'assurer que personne n'est laissé derrière.

Le plaisir de l'action

Être manager, c'est être responsable. Quand quelque chose ne fonctionne pas dans l'équipe, ou à l'inverse quand tout va bien, il en va de sa responsabilité. Quel immense plaisir que l'équipe se porte bien, qu'elle soit motivée et prête à tout donner pour atteindre ses objectifs. Mais cela ne se fait pas par magie, c'est la responsabilité du manager.

Manager une équipe est un art complexe et très souvent stressant ; mais quand cela fonctionne, et justement parce que c'est difficile, le manager en tire une grande satisfaction personnelle. Un manager heureux est un manager qui a conscience de sa responsabilité au quotidien et fera briller son équipe lors de succès. Un manager heureux sait faire preuve d'humilité, comme nous l'avons déjà évoqué, car, en fin de compte, le vrai travail est fait par son équipe.

Finalement, être manager, c'est un peu comme être un parent avec ses enfants : c'est complexe, ingrat, mais on tire une satisfaction incroyable à les voir grandir, progresser. Et je dois avouer que l'une de mes plus grandes satisfactions, en tant que manager, était de voir venir un collaborateur, l'air un peu gêné, pour me dire : « Gaël, je suis désolé, mais je vais devoir démissionner, j'ai trouvé un travail ailleurs, et c'est grâce à tout ce que tu m'as appris que j'ai pu avoir ce poste. »

Eh oui… être manager, c'est aussi et surtout accompagner chaque membre de son équipe afin qu'il « grandisse ».

7

MANAGER SON MANAGER

LE MANAGEMENT BIDIRECTIONNEL

J'entends très fréquemment des salariés se plaindre de leur manager. Ce qui me surprend, c'est la fatalité avec laquelle le managé subit les événements. Oui, il existe des managers tyrans, des pervers narcissiques, mais ils sont loin d'être majoritaires, heureusement.

Un manager, ça se manage. C'était tout l'objet de *Mon boss est nul, mais je le soigne*, mon premier livre de management, dont le sous-titre était *Comment transformer le pire des managers en manager bienveillant ?* C'est dans cet ouvrage que le concept de manager bienveillant est apparu. Qu'est-ce qui a changé depuis 2017 ?

Depuis la pandémie et le premier confinement, la notion de manager son manager est devenue beaucoup plus concrète, plus simple, tout du moins en théorie. En effet, il est moins difficile de dire quelque chose de « désagréable » à distance – par téléphone, par SMS ou par e-mail – que face à face, droit dans les yeux. Certains salariés ont enfin eu le courage de parler franchement à leur manager et... de manager leur manager !

Il faut une certaine dose de courage pour dire à son manager qu'il serait bien qu'il change. Pourquoi ? Par respect de la hiérarchie, mais surtout par peur d'être mal vu de son boss. Lorsque j'étais manager, je mettais à l'aise mes équipes en leur demandant de me signaler quand mon comportement ou certaines de mes décisions ne leur plaisaient pas. Ce n'était pas du masochisme, bien au contraire. Mieux vaut une critique constructive d'un membre de son équipe que l'attitude négative et démotivée d'une personne qui râle dans son coin et qui embarque d'autres personnes dans son sillage. Je dirais même plus : le vrai pro est celui qui ose signifier à son manager qu'il faut évoluer, pas celui qui se tait mais n'en pense pas moins.

Si vous vous y prenez bien, vous pouvez tout dire à votre manager, absolument tout, question de forme.

Je suis convaincu qu'il est possible de faire changer son manager. Je l'ai fait un certain nombre de fois dans ma carrière. Pour être exact, il ne s'agit pas de modifier sa personnalité mais son comportement vis-à-vis de nous et des autres.

Voici cinq étapes faire évoluer votre manager.

TRAVAILLER SON EMPATHIE

Il est indispensable de comprendre pourquoi votre manager adopte tel ou tel comportement : c'est la base. Si vous souhaitez réparer un moteur, il faut comprendre sa mécanique. En termes de comportements, c'est ce que j'appelle les « déclencheurs ». Il faut chercher à savoir si une routine déclenche chez votre manager ce comportement qui vous déplaît pour, dans un second temps, le déconstruire.

Quelques exemples tirés de la réalité ?

- Le manager qui s'énerve dès qu'un collaborateur dit « je ne sais pas ». Le déclencheur : « l'ignorance » d'un membre de son équipe.
- Le manager qui ne supporte aucun retard. Le déclencheur : n'importe quel retard par rapport à un délai établi.
- Le manager qui envoie des e-mails à toute heure du jour et de la nuit pour s'informer d'un dossier. Le déclencheur : la peur de ne pas être au courant de quelque chose, et l'angoisse de ne pas tout maîtriser.

SOLLICITER ET PRÉPARER UN ENTRETIEN

Il ne faut jamais oublier qu'un manager a pour mission... de manager ! Cela peut sembler trivial, mais nous avons tendance à l'oublier. Solliciter un entretien avec son manager pour parler d'organisation, de stratégie, de nouvelles idées, de management, c'est tout à fait normal. Penser que le manager attend qu'on produise, pas qu'on questionne, c'est un tort.

Si vous sollicitez un entretien auprès de votre manager, évitez toute considération personnelle. Il ne s'agit pas d'un entretien sur les émotions, mais d'un entretien professionnel pour travailler mieux ensemble. Les expressions à bannir sont : « je n'aime pas quand tu fais ça » ou « ça me fait de la peine quand tu dis ça ». Certains managers n'ont cure de vos états d'âme.

Une fois que vous avez déterminé les facteurs déclencheurs de son comportement, il faudra proposer une alternative. Reprenons les trois exemples précédents :

- Le manager qui s'énerve dès qu'un collaborateur dit « je ne sais pas ». Dans ce cas, c'est très simple. Évitez de répondre « je ne sais pas » et rétorquez : « Ça te va si je te donne la réponse dans une heure ? »
  Nombre de managers perdent le contrôle quand ils ont un sentiment d'insécurité, et ils ne supportent pas que ce sentiment soit renforcé par l'équipe. Choisir ses mots est fondamental !
- Le manager qui ne supporte aucun retard. Là, c'est encore plus simple : ne soyez jamais en retard ! Si c'est une personne angoissée par les délais, apprenez à fixer des échéances vous-même. Un manager stressé par le temps se fiche qu'une tâche soit réalisée le mercredi ou le jeudi ; ce qui l'importe, c'est de savoir qu'elle sera faite le jour convenu et qu'il n'a plus besoin

de s'en soucier. Ce type de manager est dans l'hypercontrôle… à vous de le rassurer.

- Le manager qui envoie des e-mails à toute heure du jour et de la nuit pour s'informer d'un dossier. Dans ce cas, il est important de tranquilliser votre manager sur l'avancement de votre travail. Prenez l'initiative de lui envoyer un e-mail de trois lignes en fin de journée, par exemple, pour lui expliquer que vous avez bien avancé et que tout va bien. Le rassurer vous apportera de la tranquillité.

Connaître la personnalité de son manager est absolument essentiel pour le faire évoluer. Il faut déterminer dans quelle catégorie vous pouvez le ranger. Vous trouverez ci-après une « classification » des potentiels défauts des managers. Bien entendu, certains – ils sont rares – réussissent l'exploit d'en combiner plusieurs.

Type de manager	Description	Son principal défaut	Comment faire ?
L'auto-centré	Généralement jeune et ambitieux, il a réussi à progresser très rapidement dans la hiérarchie.	Il sait tout… Enfin, il croit tout savoir et peut parfois paraître prétentieux.	Ne surtout pas « attaquer » frontalement ce type de manager, mais au contraire utiliser des phrases commençant par « vous avez raison » et finissant par « mais nous pourrions faire autrement ».
Le cartésien	Le manager carré, rigide, pour ne pas dire parfois psychorigide. Pour lui, seuls les chiffres et les choses concrètes comptent… les émotions importent peu.	Improviser, prendre une décision sur une intuition n'est pas, mais alors vraiment pas, son truc.	Ne jamais venir dans son bureau sans avoir préparé la réunion. Toujours illustrer vos propos d'arguments chiffrés et factuels. Plus vous donnerez le sentiment que vous avancez en terrain sécurisé, plus ce manager vous suivra.
L'impulsif	Son rêve ? Tout changer pour transformer le système à son image.	Il peut être agressif quand on n'abonde pas dans son sens. Son comportement peut se rapprocher de celui d'un pervers narcissique.	Privilégier la validation par écrit de tout échange verbal afin que ce manager ne puisse pas se déjuger sans perdre de sa crédibilité qu'il pense très haute. Ce type de manager est prêt à tout pour prouver qu'il a raison, y compris à mentir.

L'indécis	C'est le manager super sympa, détendu, qui aime blaguer. Séducteur et très intuitif, il sait généralement s'entourer de personnes compétentes.	Il ne sait pas décider. Devant un problème, il préfère parfois répondre par une pirouette plutôt que de prendre une décision.	Mettre en avant votre expertise. Plus vous lui montrerez que vous mettez cette expertise à son service, mieux cela se passera. La notion d'expertise est fondamentale avec ce type de manager. Il ne veut pas savoir comment on fabrique un moteur, il veut juste qu'il tourne.
Le dictateur	Y a-t-il vraiment besoin de le décrire ?	Il peut être agressif et têtu, mais surtout il est certain d'être le seul à détenir LA vérité.	Ne pas vous aventurer sur son terrain de prédilection, au risque de vous brûler les ailes. En fait, ce type de manager a toujours un territoire de prédilection. Si vous êtes spécialiste du marketing alors que votre manager est calé sur la finance… n'essayez pas d'avoir une opinion sur son sujet, gagnez sa confiance sur le vôtre. Très clairement, travailler au quotidien avec ce type de manager est très complexe.

DÉFINIR LES AVANTAGES PARTAGÉS D'UN CHANGEMENT

Changer pour changer n'a aucun intérêt. Le manager doit percevoir le bénéfice qu'il trouvera avec son équipe dans les changements proposés. La notion de bien-être peut évidemment être évoquée, celle-ci étant considérée comme une source d'engagement et de productivité.

Le manager peut aussi y voir un avantage personnel. J'ai eu pendant quelques années un manager qui avait la réputation de beaucoup s'énerver. En appliquant mes méthodes, il a fini par se calmer et m'a fait un jour le plus beau des compliments : « Gaël, depuis des années tu agis sur moi comme un calmant... Merci. »

PROPOSER PLUSIEURS OPTIONS

Quel que soit le problème que vous soulevez, il est absolument fondamental de proposer deux, idéalement trois, solutions parmi lesquelles votre manager peut choisir. Pourquoi ?

- Cela prouve que le sujet est d'importance et que vous y avez réfléchi de façon sérieuse.
- Cela lui permet de s'approprier le problème et de jouer son rôle en choisissant la solution. Quand on manage son manager, on ne devient pas manager à sa place, on l'accompagne pour qu'il devienne un meilleur manager.

REMERCIER VOTRE MANAGER

Si vous avez suivi toutes mes conseils et que votre manager a changé, il ne faut pas oublier de dire « merci ». Un feed-back de votre manager est fondamental, mais le vôtre l'est également. Plus vous lui ferez remarquer qu'il est un bon manager, quand c'est le cas, plus il vous écoutera quand vous lui ferez une remarque concernant quelque chose qu'il pourrait améliorer.

> LE PLAISIR LE PLUS DÉLICAT EST DE FAIRE CELUI D'AUTRUI.
>
> Jean de La Bruyère

Manager son manager n'est pas toujours simple, c'est certain. Mais si vous y parvenez, vous en tirerez une satisfaction personnelle gigantesque.

> L'ERREUR, C'EST SEULEMENT UN DÉFAUT.
>
> René Descartes

Quoi de pire que de subir une situation en ayant le sentiment de ne rien pouvoir faire pour la changer ?

C'est vous qui le dites

«J'en avais assez que ce soit mon directeur général qui fixe les objectifs de mon équipe sans me consulter, ou presque. L'année dernière, j'ai enfin eu le courage de lui dire que je pensais que les objectifs seraient plus pertinents si je les fixais avec mon équipe. Dans un premier temps, je lui ai proposé qu'il les prépare dans son coin et que nous les comparions avec ce que j'aurais fait avec l'équipe et que nous décidions après. Il a halluciné de voir que nos objectifs étaient plus élevés que les siens, mais l'équipe est super plus motivée parce que c'est elle qui a fixé ses propres objectifs!»

Anaïs, directrice commerciale

«Je n'en pouvais plus des e-mails de mon boss le week-end ou le soir. Je suis allé le voir en ayant un peu peur de lui dire. Après coup, je réalise que j'aurais dû le faire avant; il m'a expliqué qu'il aimait bien travailler un peu le soir, mais que ça ne le dérangeait pas du tout de faire des envois différés. Bref, tout le monde est content aujourd'hui!»

Jean-Jacques, directeur technique

«Dans mon métier, il est important de pouvoir se concentrer, et donc d'être au calme. Ma boss me dérangeait très souvent, sans jamais me demander si j'étais disponible. Je lui ai expliqué que je serais beaucoup plus efficace si on mettait en place un système qui me permettait d'avoir des périodes 100 % *offline* chaque jour. Nous avons mis en place un planning commun, et maintenant tout le monde est content! Trop bien.»

Sophie, responsable juridique

POINT D'ATTENTION

> Il n'est pas toujours simple d'évaluer son manager, de savoir s'il est bon ou mauvais, s'il peut s'améliorer. Non seulement parce que notre grille de lecture, par essence, est subjective, mais aussi parce qu'il existe des biais cognitifs importants dans le monde du travail.

Au cœur d'une situation, nous n'avons pas forcément conscience des enjeux. Voici des critères objectifs sur lesquels s'appuyer pour évaluer la relation avec son manager et mesurer son degré de toxicité. Pour chaque question, notez de 1 à 10 votre ressenti. 1 pour un sentiment totalement négatif (colère, peur ou autre), 10 pour un sentiment totalement positif (joie, bonheur) :

- Quand vous recevez un e-mail de votre manager, quel est votre ressenti ?

  ....
- À l'idée de présenter une nouvelle idée à votre manager, quel est votre ressenti ?

  ....
- Le matin, quand vous vous réveillez et que vous pensez à la journée de travail qui vous attend, quel est votre ressenti ?

  ....
- Quand vous parlez à votre manager, quel est son niveau d'écoute ?
  1 (pas du tout) à 10 (totalement attentif ET suivi d'action) : ...
- Pensez-vous que votre manager sait ce que vous faites quotidiennement comme travail ?
  Notez de 1 (absolument pas) à 10 (tout dans les moindres détails) : ...
- Si vous avez un souci personnel qui vous oblige à arrêter de travailler le plus vite possible, comment vous sentez-vous à l'idée de le demander à votre manager ?
  Notez de 1 (totalement angoissé) à 10 (totalement détendu) : ...

Faites la moyenne de vos notes. Si vous êtes au-dessus de 5 : tout va bien. Si vous êtes en dessous : attention, danger ! Cela signifie que votre manager vous met en situation de stress, que vous n'êtes pas confiant. La conséquence ? La démotivation, bien entendu ; mais cela peut être psychologiquement dangereux à moyen et à long terme.

Et maintenant, si vous êtes manager, demandez-vous comment chacun des membres de votre équipe vous noterait. Si vous avez des doutes, parlez-en avec eux et libérez la parole !

Très souvent, lorsque je propose cet exercice, certains managers me disent qu'ils ont peur d'ouvrir la boîte de Pandore. Je suis toujours très méfiant quand un manager craint de libérer la parole : redoute-t-il qu'une vérité fasse surface ? Ne vous inquiétez pas, les équipes sont généralement étonnantes quand on les laisse s'exprimer ! Lancez-vous, et vous aurez de (bonnes) surprises !

Test : savez-vous manager votre manager ?

Votre manager vous refuse l'augmentation que vous avez demandée, sans aucune explication :

- ■ Vous faites un scandale.
- ● Vous boudez pendant quelques jours.
- + Vous prenez rendez-vous avec lui/elle afin d'avoir une explication.

Votre manager fait une blague très sexiste à la machine à café :

- + Vous lui faites remarquer que sa blague est déplacée.
- ■ Vous riez avec lui/elle.
- ● Vous ne dites rien.

Votre manager organise une réunion à 19 heures alors qu'il sait que vous devez aller au théâtre ce soir :

- ■ Vous allez à la réunion.
- + Vous lui rappelez votre impératif et allez au théâtre.
- ● Vous allez à la réunion et essayez de partir plus tôt.

Votre manager ne vous fait jamais de feed-back :

- + Vous prenez un rendez-vous avez lui pour obtenir des explications.
- ● Vous essayez de lui envoyer un e-mail dès que vous avez fini quelque chose.
- ■ Vous ne faites rien.

Votre manager arrive en retard à un rendez-vous très important avec vous :

- ■ Vous ne dites rien, c'est le boss.
- + Vous lui faites remarquer une fois que vous êtes seuls.
- ● Vous boudez.

VOUS AVEZ PLUS DE :

- + **Vous savez manager votre manager :** aucun doute, vous ne craignez pas de dire ce que vous pensez à votre manager, et c'est très bien. Attention cependant à la forme, car si sur le fond, toute vérité est bonne à dire, si la forme n'est pas appropriée, vous n'obtiendrez que des résultats opposés à ce que vous souhaitiez. C'est une grande qualité de savoir exprimer vos éventuels désaccords avec votre manager, et il vous en saura gré. Si vous sentez parfois un blocage, parlez-en en toute franchise.
- ● **Vous hésitez :** vous savez qu'il faudrait vous exprimer plus, mais vous n'osez pas toujours. Votre profond respect de la hiérarchie vous en empêche parfois; pas d'inquiétude, c'est tout à fait normal. Servez-vous des sujets sur lesquels vous êtes à l'aise pour progresser. Prenez un petit peu plus de temps sur les questions plus complexes pour vous, et lancez-vous. Vous constaterez bien vite que, quel que soit le sujet, la mécanique de communication avec votre manager est la même.

- **Vous ne dites rien.** Dans ce cas, deux possibilités : vous êtes tétanisé(e) à l'idée de dire ce que vous pensez à votre manager, ou bien vous êtes convaincu(e) que, quoi qu'il arrive, votre manager a toujours raison. Dans le premier cas, dites-vous que votre manager est un être humain comme vous et qu'il a besoin de votre opinion pour progresser. Un manager ne vous en voudra jamais de vous exprimer. Il n'y a rien de pire qu'un membre de l'équipe qui ne dit rien mais passe son temps à râler dans son dos. Si vous pensez que votre manager est infaillible, c'est sans aucun doute que vous êtes managé par Superman ou par Wonder Woman !

POINT D'ATTENTION

Il est important de ne pas confondre « être positif » et « voir tout en rose ». Alors que voir tout en rose, c'est nier la réalité et tout trouver extraordinaire, être positif, c'est être optimiste, toujours estimer que, quelle que soit la situation, aussi désespérée soit-elle, tant qu'il y a de la vie, il y a de l'espoir.

Imaginez : vous sautez d'un avion et, oups, vous avez oublié de mettre votre parachute. Si vous êtes pessimiste, vous vous dites que votre vie est finie. Si vous êtes positif, vous vous rappelez qu'il existe de nombreux cas de personnes tombées en chute libre de plusieurs milliers de kilomètres de hauteur… et qui s'en sont sorties vivantes, bien souvent grâce à des arbres qui ont freiné leur chute. OK, la probabilité de s'en sortir est faible… mais être positif et optimiste, c'est se dire que tant que cette chance n'est pas nulle, qu'elle existe, et on doit essayer de la saisir !

POUR ALLER PLUS LOIN

COMMENT GÉRER UN MANAGER TOXIQUE ?

Nous venons d'évoquer le management remontant sur des sujets assez élémentaires. Mais le manager toxique est moins évident à gérer.

Selon une étude, 10 à 25 % de l'efficacité d'un individu en entreprise est imputable à son bien-être psychologique ! Or, cet état tient grandement à la qualité du management. Sans aller jusqu'au manager pervers narcissique, il existe un grand nombre de managers toxiques. Si je devais résumer les comportements de Bob, je dirais :

- Bob ne dit que rarement bonjour (sauf à ses patrons) ;
- Bob s'attribue tous les succès ;
- Bob vous blâme pour les échecs ;
- Bob est toujours en retard ;
- Bob n'a jamais tort ;
- Bob se pense brillant ;
- Bob ne rit qu'à ses blagues ;
- Bob ne sait pas garder son calme ;
- Bob ne gère aucun problème. Sa technique de gestion, c'est de botter en touche.

ATTENTION

Celui qui cumule tous ces défauts est « super toxique », mais il est rare.

Être toxique, c'est présenter au minimum l'un de ces défauts. Nous avons tous croisé des gens toxiques pendant notre carrière. Cela ne sert à rien d'être défaitiste, il vaut mieux prendre les choses en main. Si vous n'agissez pas, il est certain que le manager toxique restera toxique. Et, à moins de changer de travail, il faudra gérer et essayer de le transformer en manager « normal ». On appelle cela « manager son manager ».

Ce que je vais vous exposer, ce sont des petits trucs, testés dans la vraie vie, et qui fonctionnent généralement.

BOB NE DIT QUE RAREMENT BONJOUR (SAUF À SES PATRONS)

La réponse classique : n'y prêtez pas attention, il y a plus important. Cependant, ne calez pas votre comportement sur le sien. Ne cessez jamais de dire bonjour à Bob quand vous le croisez.

La réponse courageuse : la prochaine fois que vous êtes en réunion en tête à tête avec Bob, demandez-lui avec un grand sourire pourquoi il ne dit jamais bonjour. Le manager toxique, bien souvent, ne s'aperçoit même pas de son comportement et il s'excusera de celui-ci. Il sera même étonné que vous y accordiez de l'importance. Il ne vous en voudra pas de poser la question, surtout si c'est en tête à tête. En général, son comportement évoluera, car il admettra que c'est bien peu d'effort pour faire plaisir à un collaborateur.

IL S'ATTRIBUE TOUS LES SUCCÈS

La réponse classique : en réunion, par e-mail, dès que Bob dit « je », reprenez-le ou complétez en disant « nous ». Si Bob n'a rien fait, il faut petit à petit que vous repreniez un peu de territoire sans pour autant vous le mettre à dos. Ne ravalez pas votre orgueil mais amenez Bob à réévaluer progressivement le sien.

La réponse courageuse : n'annoncez jamais de bonne nouvelle à Bob en tête à tête. Si vous le faites, Bob enverra un e-mail à son N+1 en s'attribuant le succès. Faites-le toujours par e-mail, en mettant en copie une ou deux personnes concernées par le sujet et en utilisant bien le « je ». Exemple : « Bob, j'ai une excellente nouvelle à t'annoncer, je viens de signer le contrat Schmoldu. »

IL VOUS BLÂME POUR LES ÉCHECS

La situation est très proche de la précédente à ceci près qu'en cas d'échec Bob ne dira pas « je » mais « vous » avez fait une erreur. Il faut savoir que, pour le manager toxique, toute erreur est un risque pour sa carrière. Plutôt que de chercher une solution et de faire en sorte que l'échec ne se reproduise pas, il ne fera que chercher un coupable.

La réponse classique : mettez-vous en situation de « chercheur de solutions ». Si Bob cherche un coupable, sa hiérarchie n'en a que faire. C'est à vous de proposer une solution !

La réponse courageuse : Bob, comme tout manager toxique, déteste les traces écrites, c'est son côté paranoïaque. En cas d'échec, il faut toujours anticiper ce qu'il va dire ou faire, en lui écrivant en quoi consiste cet échec et, surtout, en lui apportant des solutions. Sa réaction – accuser les autres des échecs sans en prendre aucune responsabilité – est souvent due au fait qu'il est incapable d'apporter une solution.

IL EST TOUJOURS EN RETARD

Il existe des managers qui pensent qu'arriver en retard est « statutaire », que cela prouve à quel point ils sont occupés. La seule chose que cela montre, sans aucun doute possible, c'est qu'ils ne savent pas s'organiser !

La réponse classique : si Bob arrive dix minutes en retard, dites-lui très naturellement que vous devrez partir au bout de cinquante minutes, au lieu d'une heure, à cause d'une autre réunion. Bob ne vous reprochera jamais d'être trop occupé et finira par s'adapter (testé et approuvé).

La réponse courageuse : si le retard est systématique et de taille (supérieur à quinze minutes), partez. Au préalable, envoyez un e-mail à Bob (ou, mieux, appelez-le) pour lui expliquer que vous avez un impératif et que vous n'avez pas d'autre choix que de partir. Proposez-lui de nouvelles dates.

IL N'A JAMAIS TORT, IL N'ÉCOUTE RIEN

La réponse classique : le manager toxique a toujours raison, c'est bien connu. Il ne s'agit pas de lui prouver qu'il a tort mais de l'amener à penser différemment en lui faisant croire que les idées viennent de lui. Lorsque Bob prononce une absurdité, dites-lui : « Bob, tu as raison, mais, pour aller plus loin, nous pourrions faire cela ? ». Il faut toujours placer un « tu as raison » pour contredire quelqu'un qui a tort, cela passe toujours mieux. Oui, c'est de la manipulation mais face à Bob… il n'y a pas d'arme que l'on puisse négliger.

La réponse courageuse : ne pas réagir à chaud. Envoyer un e-mail en trois étapes à Bob contenant :

- Des explications sur pourquoi la solution proposée pourrait être améliorée.
- Des suggestions d'améliorations.
- La proposition d'un rendez-vous en tête à tête. Bob ne reconnaîtra JAMAIS en public qu'il s'est trompé.

IL SE PENSE BRILLANT

La réponse classique : rien à faire sur ce point… Autant essayer de gérer les points précédents pour qu'il devienne vraiment brillant, ou tout du moins qu'il s'en approche. Le rôle d'un collaborateur est également de faire briller son manager (oui, cela marche dans les deux sens) ! En entreprise, rien ne sert de prouver qu'un imbécile est un imbécile. C'est de l'énergie inutilement dépensée et contre-productive.

La réponse courageuse : mettez en avant vos talents, sans pour autant les comparer aux supposés siens. Chose importante avec Bob, toujours laisser une trace écrite, aussi brève soit-elle. Étrangement, Bob prête plus attention à ce qui est écrit qu'à ce qui est dit… son côté paranoïaque probablement.

IL NE RIT QU'À SES BLAGUES

La réponse classique : n'y prêtez pas attention, il y a plus important, sauf si ses blagues sont offensantes. Il y a une grande différence entre une blague Carambar, et une blague sexiste, raciste ou homophobe !

La réponse courageuse : vous n'êtes pas obligé(e) de rire. Bob a une cour autour de lui toujours prête à s'esclaffer, c'est classique. Certes, il y a le risque qu'un jour Bob vous demande pourquoi vous ne riez pas ; c'est à ce moment que vous pourrez, gentiment, lui dire que ce n'est pas votre humour.

IL NE SAIT PAS GARDER SON CALME

La réponse classique : ne répondez jamais à l'agression par l'agression. Généralement, Bob s'énerve lorsqu'il se sent en insécurité ou déstabilisé. Laissez passer l'orage et apportez des solutions concrètes aux problèmes qui lui ont fait perdre ses nerfs. Petit à petit, il se calmera, car il vous considérera plus comme une source de solutions que comme une source de problèmes. Pour avoir été confronté à un certain nombre de managers de ce type, je vous garantis que cela fonctionne à 100 % !

La réponse courageuse : prenez rendez-vous avec Bob pour lui dire que vous comprenez le fond de son énervement, que vous allez lui trouver des solutions, mais que dans la forme vous ne tolérez pas qu'il vous hurle dessus. Le tout est que Bob comprenne que vous êtes de son côté et que vous avez, en tant que collaborateur, des exigences sur les façons de s'exprimer.

IL NE GÈRE AUCUN PROBLÈME : SA TECHNIQUE C'EST DE BOTTER EN TOUCHE

La réponse classique : encore une fois, Bob est un manager toxique… et lâche ! Le seul moyen de le contrer est de lui soumettre votre problème par écrit en lui demandant une *deadline* pour résoudre le problème. Par la suite, vous pourrez le relancer verbalement, mais ce point de départ est fondamental.

La réponse courageuse : prenez rendez-vous avec Bob pour lui exposer votre problème. Si vous voyez qu'il est fuyant, proposez-lui de le résoudre vous-même l'incident. En général, son ego le poussera à prendre les choses en main plutôt qu'à vous laisser faire. Cependant, n'oubliez pas de lui demander un délai précis. De retour à votre bureau, écrivez-lui un e-mail pour le remercier de son écoute et lui rappeler le délai sur lequel il s'est engagé.

8

MANAGER DANS LE TEMPS

LE MANAGEMENT DU SENS

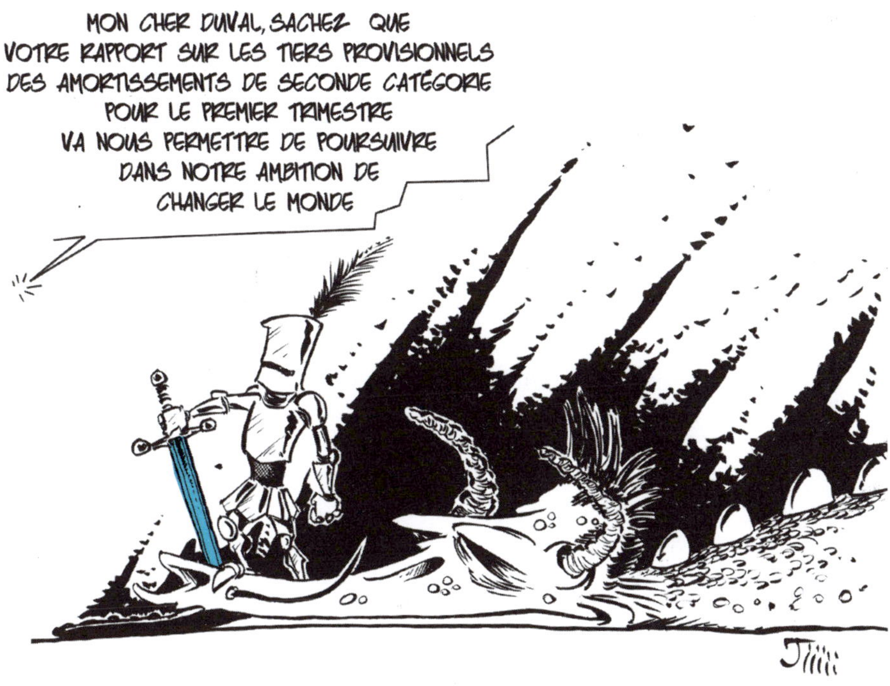

Compliqué de se motiver sur une tâche si nous n'avons aucune idée de l'objectif que celle-ci va aider à atteindre, non ? Selon une étude Steptone , 32 % des salariés seraient touchés par l'ennui au travail. Et quand s'ennuyer au travail devient la règle, le bore-out guette. Lorsque l'on sait que, selon une étude Gallup, seulement 6 % des salariés français se déclarent impliqués totalement dans leur travail, nous pouvons mesurer l'importance du sujet. Selon la même étude, 74 % ne sont pas engagés, et 20 % se déclarent carrément désengagés. Donner du sens au travail de son équipe, c'est lutter contre cet ennui qui peut ronger les nerfs au quotidien.

La période de la pandémie a bien entendu renforcé la quête de sens. Nombre de salariés sont sortis du premier confinement totalement désorientés, ne sachant plus vraiment pour quoi ils travaillaient. Ce qui était vrai avant la pandémie ne l'était plus après. Je me rappelle ce directeur commercial qui m'expliquait qu'avant la pandémie, c'était le montant de ses primes mensuelles qui donnait un sens à son travail et le poussait à faire mieux. Après le premier confinement, et une période de chômage partiel, il s'est senti vidé professionnellement parlant, car il s'était recentré sur sa vie personnelle et ne voyait plus vraiment l'intérêt humain de son travail.

La perte de sens conduit inéluctablement à la démotivation, voire à la démission des salariés. Il y a quelques années, j'ai été contacté par un directeur d'usine, qui s'inquiétait de l'augmentation des démissions parmi ses salariés. Il n'avait rien changé à sa politique sociale depuis des années. L'usine fonctionnait très bien, le nombre de clients augmentait, et, pourtant, depuis quelques mois, l'entreprise connaissait un turnover catastrophique.

Cette usine existait depuis plus de dix ans et fabriquait des vis, des boulons, des écrous. Quand je suis allé visiter l'usine, j'ai été très surpris. Je m'attendais à une usine « classique » avec des ateliers, des ouvriers en bleus de travail tachés de graisse. Il n'en était rien. Pas une poussière au sol. Tous les ouvriers étaient vêtus de combinaisons stériles blanches. Je croyais que l'usine avait comme clients Leroy Merlin, Castorama et Mr. Bricolage… Il n'en était rien. Ses clients étaient Airbus, Aérospatiale, Thales… que des entreprises de très haute technologie. Constatant cela, j'ai demandé au directeur si ses ouvriers savaient que le fruit de leur travail allait se retrouver dans l'espace ou dans les airs quelques mois plus tard. Il m'a répondu que oui, que les ressources humaines en parlaient lors des recrutements.

Eh bien, voilà l'exemple parfait de la perte de sens. On ne doit jamais penser qu'expliquer le sens d'un travail une fois est chose acquise pour toujours.

Dans cette usine, rien ne rappelait aux employés où partaient ces vis et ces boulons. Le directeur m'a expliqué qu'il ne parlait jamais en réunion des lancements de fusées ou de satellites. En fait, il ne redonnait jamais du sens. Résultat, si un ami posait à l'un de ces ouvriers la question « c'est quoi ton travail ? », il est probable qu'au lieu de répondre « je fabrique des pièces qui vont dans l'espace », ce dernier dise « je fabrique des vis et des boulons ». C'est nettement moins valorisant. Et c'est à cause de cela que, petit à petit, les équipes se sont démotivées.

Quelques jours plus tard, le directeur a affiché dans l'usine des photos des avions, des satellites et des fusées pour lesquels étaient fabriqués ces produits. Les ouvriers pouvaient ainsi toute la journée constater concrètement l'utilité de leur travail. Le directeur de l'usine a également ajouté un point « nouveaux produits de nos clients » lors des réunions, afin que les managers puissent constater que tout bouge en permanence. Progressivement, le nombre de démissions a reculé, et le directeur a constaté une forte remotivation de ses équipes.

IMPLIQUER SON ÉQUIPE DANS LA RÉALISATION DE L'OBJECTIF GLOBAL

Un manager ne doit pas se comporter comme le détenteur de secrets incroyables. Il est absolument impossible de se motiver si l'on ne sait pas quel est l'objectif global de son entreprise, de son service.

Lorsque je me rends dans mon agence bancaire, l'hôtesse d'accueil a l'air de tellement détester son métier qu'à peine entré, je n'ai qu'une envie : quitter les lieux. Visiblement, la directrice d'agence ne lui a pas expliqué que son rôle est fondamental. Cette personne est pourtant la première image que le client a de la banque. On sait à quel point la première impression est fondamentale, n'est-ce pas ? Oui, l'hôtesse de mon agence est donc aussi importante, pour ne pas dire plus, que sa directrice. Si personne ne lui explique pourquoi, elle ne pourra pas le deviner.

Dans l'exemple du directeur d'usine comme dans celui de la directrice de banque, il est important d'impliquer les équipes dans la vie globale de l'entreprise afin qu'elles se sentent concernées et responsables.

Combien de managers se gargarisent d'aller à des réunions avec les grands patrons sans en révéler le contenu à leur équipe, histoire de valoriser leur ego ? Bien entendu, certains sujets sensibles sont confidentiels, mais entrouvrir la porte à tout le monde, quel que soit le niveau hiérarchique, est valorisant, et cela permet à chaque personne de comprendre que l'entreprise ne se limite pas à leur simple activité.

> NOUS AVONS AUTANT BESOIN
> DE RAISONS DE VIVRE
> QUE DE QUOI VIVRE.
>
> Abbé Pierre

S'INTÉRESSER AUX MÉTIERS DE TOUS

Un manager a une tendance naturelle à être plus proche des collaborateurs qui font un métier qu'il connaît parfaitement. Comme nous l'avons déjà évoqué, il aura tendance à passer plus de temps avec ceux avec qui il a des affinités, même si ce n'est pas professionnel… C'est un problème pour les collaborateurs qui ne voient jamais leur manager, et cela se comprend aisément ! Il est évident qu'un employé qui ne voit jamais son manager pourra penser qu'il ne sert à rien, mais également que son manager ne LUI sert à rien… On parle beaucoup de réputation sur les réseaux sociaux. N'oublions pas que la réputation se soigne aussi dans la vraie vie. Et notamment autour de la machine à café, où – rappelez-vous quand vous n'étiez pas encore manager – vous retrouviez vos collègues pour dire du mal de votre manager. Il faut donc y faire attention…

> QUAND TU MONTES À L'ÉCHELLE, SOURIS À TOUS CEUX QUE TU DÉPASSES, CAR TU CROISERAS LES MÊMES EN REDESCENDANT.
>
> Proverbe américain

Il est naturel d'avoir plus ou moins d'affinités avec telle fonction ou telle personne, mais le manager doit lutter contre cela. Chaque membre de l'équipe doit avoir pleinement conscience qu'il/elle fait partie d'une équipe solidaire. À chaque fois que je prenais un nouveau poste, je rencontrais toutes les personnes de mon équipe, au moins quinze minutes. J'avais plus de 140 personnes dans mon dernier poste… cela prend du temps, beaucoup de temps, mais c'est absolument fondamental !

PARLER DE « SENS » AVEC CHAQUE MEMBRE DE SON ÉQUIPE

Pour savoir si votre équipe connaît exactement le sens de son travail, la seule méthode efficace est de le lui demander. Cela semble idiot, mais c'est trop peu souvent fait. Les managers s'aperçoivent alors que leurs collaborateurs travaillent de façon automatique et n'ont pas conscience qu'ils font partie d'un tout.

Contrairement à ce que l'on peut lire dans beaucoup d'articles, nombreuses sont les personnes qui ont le sentiment de ne travailler que pour payer leurs factures. Il est de la responsabilité des managers de montrer à leurs équipiers à quel point leur utilité dans l'entreprise est grande. L'objectif de cet « exercice » est que chaque membre de l'équipe se sente valorisé dans ce qu'il/elle fait quotidiennement. Cela permet également au manager de (re)prendre conscience de l'importance de chaque personne, sans aucune distinction de hiérarchie.

POINT D'ATTENTION

La notion de «sens» va bien au-delà du travail de chaque individu. Autant le manager bienveillant se focalisait sur le sens donné à son travail, autant le manager bienveillant 2.0 considère la notion de sens de façon globale.

Nous avons évoqué la nécessaire séparation entre la vie privée et la vie professionnelle. Cependant, quand il s'agit de sens, cette séparation devient de moins en moins possible, et de plus en plus de salariés prennent conscience de l'importance de mettre en résonnance leurs propres valeurs avec celles de l'entreprise. Comment travailler pour une entreprise d'armement si je suis moi-même pacifiste militant? Puis-je accepter de travailler pour un manager sexiste, ou une entreprise qui n'a pas un bon indice d'égalité femmes/hommes, si je suis féministe?

C'EST VOUS QUI LE DITES

« J'ai longtemps pensé que l'argent était ma principale motivation. La pandémie m'a fait réaliser que mon rôle dans l'entreprise allait bien au-delà du simple fait de signer des contrats. Je participe à une aventure humaine, et ça n'a pas de prix. »

Paul, directeur commercial

« J'ai beaucoup de pression dans mon métier, beaucoup de stress. J'ai parfois la volonté de tout plaquer pour élever des chèvres. Et quand ça m'arrive, je me pose la question du sens : pourquoi je fais ce métier ? Et je réalise que je fais ce métier parce que je suis fière de donner du travail à autant de personnes et que je n'ai pas le droit de les laisser tomber. Ça me remotive d'un coup. »

Sylvie, directrice générale

« Dans mon métier, la pression est très forte de toutes parts, et pourtant j'adore ça parce que je connais le sens donné à mon métier : diffuser du savoir. Depuis que je suis petite, c'est ce que j'ai voulu faire. Aujourd'hui, c'est mon métier, j'en suis fière, et le fait de connaître précisément le sens donné à mon action me donne l'énergie de résister à toute sorte de pression… En fait, la pression ne m'atteint plus. »

Noëlle, directrice de production

Test : savez-vous donner du sens ?

Vous avez déjà abordé le sujet du « sens » avec votre équipe :

■ Jamais.

● Pas avec tous les membres de mon équipe.

✚ Oui, avec tout le monde.

Vous connaissez précisément le sens que vous donnez à votre travail :

+ Oui.
■ Non.
● Plus ou moins.

Un collaborateur vient vous dire qu'il n'est plus motivé par son travail :

■ Vous pensez qu'il va démissionner.
+ Vous savez précisément comment le remotiver.
● Vous êtes désemparé(e).

Tous les membres de votre équipe sont motivés par les mêmes choses :

+ Faux.
● Je ne sais pas.
■ Vrai.

Il est souhaitable que les membres de votre équipe n'aient pas les mêmes valeurs personnelles et professionnelles :

■ Vrai.
+ Je ne sais pas.
● Faux.

VOUS AVEZ PLUS DE :

+ **Vous savez donner du sens.** Pour vous, le mot « sens » a une véritable signification, et il ne s'agit pas que d'un vague concept. Vous en parlez avec votre équipe, et c'est un véritable levier de motivation au quotidien. Vous avez saisi l'évolution de la relation de plus en plus complexe – et pas uniquement économique – que les salariés ont avec leur travail.

- **Vous tâtonnez.** Vous sentez bien que la question du sens est un véritable sujet, mais vous n'êtes pas forcément à l'aise avec le concept. Vous avez conscience que vous devriez en parler avec votre équipe, mais vous ne savez pas véritablement comment vous y prendre. Mon conseil : parlez-en avec vos collègues managers et vous constaterez qu'ils ont probablement les mêmes doutes que vous. C'est en échangeant que vous trouverez la solution.
- **Vous êtes en terre inconnue.** Pour vous, la notion de « sens » est un véritable mystère, peut-être même une fumisterie. Vous ne croyez pas à l'importance du sens donné au travail pour les membres de votre équipe et vous êtes convaincu(e) que ce n'est pas votre affaire. Mon conseil : vous devriez essayer d'en parler avec l'un des membres de votre équipe et vous seriez sans aucun doute surpris(e) de sa réponse... et de son intérêt à parler de ces sujets avec vous.

LA BONNE QUESTION À SE POSER
TRAVAILLER, ÇA SERT À QUOI ?

Se poser cette question est absolument fondamental si vous souhaitez comprendre les motivations de votre équipe. Et afin de mieux appréhender le sens que chacun peut donner à son travail, je me suis inspiré de la pyramide des besoins de Maslow.

L'idée est de transposer l'évolution humaine, qui va de la survie à la réalisation de soi, à une carrière en entreprise. Demandons-nous pourquoi nous travaillons et tentons de déterminer ce qui fait que l'homme peut prendre plaisir au travail.

Voici donc cette pyramide adaptée :

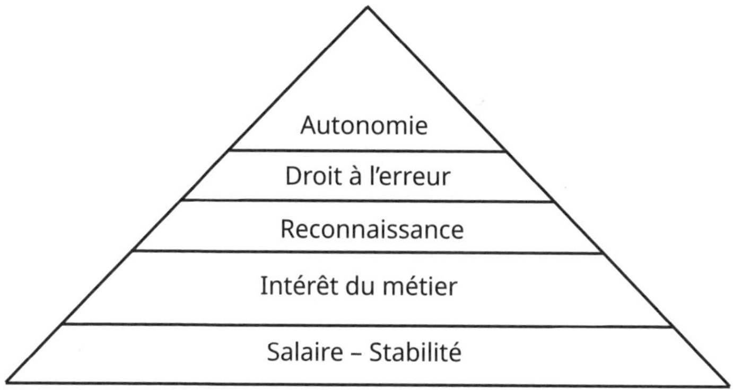

La pyramide de Maslow appliquée au monde de l'entreprise

1ER ÉTAGE : SALAIRE/STABILITÉ

Sans salaire il est absolument impossible de vivre dans notre société. Certes, certaines expériences ont essayé de prouver le contraire, comme le montre le film *Into the Wild*, mais cela reste marginal.

La stabilité serait donc liée au type de contrat qui nous engage. Clairement, en France, il est plus simple de trouver un logement avec un CDI en poche qu'avec un CDD ou un contrat d'intérim.

Une fois cette base établie, il est possible de passer au deuxième étage. Attention, je ne prétends en aucun cas qu'un travail n'est pas intéressant s'il n'est pas correctement rémunéré. Je dis que sans stabilité ni rémunération suffisante, très vite, l'être humain se trouve confronté à une réalité économique qui l'empêche de passer sereinement au deuxième étage de la pyramide.

Cela étant dit, il n'est pas nécessaire d'être millionnaire pour passer au deuxième étage ; il est nécessaire de gagner assez d'argent pour se sentir à l'abri du besoin.

2e étage : l'intérêt du métier

Se nourrir, se loger, se payer quelques loisirs : c'est bien. Mais comme nous passons généralement plus de temps au travail que chez nous, il est préférable d'avoir un emploi intéressant. Lorsqu'il ne s'agit que d'un « travail alimentaire », impossible de s'impliquer.

Trouver un sens à son travail est fondamental pour pouvoir passer au troisième étage. Travailler huit heures par jour sur quelque chose sans aucun intérêt finit par nous ronger. Cela m'est arrivé pendant ma carrière… Mais l'intérêt d'un travail est cependant très relatif. Tout métier est potentiellement intéressant… Tout dépend de qui le fait.

Avant d'entrer en école de commerce, j'avais réalisé un stage ouvrier, aux trois-huit, comme bagagiste à la SNCF. L'un de mes collègues m'avait expliqué qu'il adorait son travail. S'il le faisait mal, il gâchait les vacances des clients. S'il le faisait bien, il participait aux vacances de ses clients ! Voilà ce qui l'intéressait. C'est là que j'ai compris qu'il était fondamental de trouver un intérêt dans son travail, quel qu'il soit. Grâce à lui, il est aussi plus simple de se lever le matin, de s'impliquer à 100 % et de ne rien faire de façon superficielle. C'est ainsi que l'intérêt peut mener à la reconnaissance.

3e étage : la reconnaissance par le management

Vaste sujet que celui de la reconnaissance professionnelle. Être intéressé par son travail, c'est bien… Être reconnu par son management pour la qualité de celui-ci, c'est mieux ! La reconnaissance permet de nourrir son ego, certes, mais aussi de réduire drastiquement le niveau de stress que l'on peut avoir si son management doute de nous. Être reconnu pour ce que l'on fait permet de se sentir libre de faire preuve d'initiative et de créativité. En effet, on ne peut sortir de sa zone de confort que lorsque la mission de base est parfaitement maîtrisée et validée par son propre management.

4e étage : le droit à l'erreur

Le droit à l'erreur est le moteur fondamental de la créativité. Ne pas craindre les réprimandes de son management en cas d'échec fait que l'on peut tester de nouvelles pistes, de nouvelles idées. Contrairement aux Anglo-Saxons qui admettent bien volontiers que connaître des échecs est positif dans la construction d'un CV, l'échec reste tabou en France. Et pourtant, ce droit à l'erreur est fondamental, car au-delà de la créativité qu'il libère, il permet au management de déléguer une grande partie de ses tâches à ses collaborateurs. Déléguer, c'est faire grandir ses équipes tout en assumant, comme pour soi-même, que nul n'est parfait et que tout le monde peut se tromper.

5e étage : l'autonomie

Le Graal : l'autonomie. Pouvoir faire son travail sans crainte d'être houspillé ou cent fois corrigé, et être reconnu pour celui-ci. Ne pas avoir à rendre des comptes toutes les deux minutes est un bonheur, mais celui-ci ne peut être obtenu sans l'ensemble des étapes précédentes… c'est le principe de cette pyramide.

Les managers se plaignent régulièrement que leurs collaborateurs ne savent pas travailler en autonomie. Au lieu de se plaindre de la qualité de leur équipe, ces managers devraient se poser la question de leur propre responsabilité. De même, un salarié se plaignant de ne pas avoir assez d'autonomie devrait reprendre l'ensemble des points de cette pyramide et travailler chaque étage avant de vouloir arriver au sommet !

Cette pyramide, une simplification de la réalité, permet de répondre à une question que l'on se pose souvent en entreprise : comment faire pour que mon quotidien soit plaisant et épanouissant ? Car, finalement, ce que l'on doit attendre de son travail, c'est un épanouissement ; lors de mes conférences, nombre de personnes me font la remarque qu'elles se sentent infantilisées par leur entreprise ou leur management. Gravir, étage par étage, cette pyramide permet de lutter contre cette crainte et de grandir.

Le manager du XXe siècle	Il vous paye un salaire, et c'est déjà bien. Si vous êtes en désaccord avec lui, il n'hésite pas à rétorquer : « Si tu n'es pas content, tu peux aller voir ailleurs, il y en a plein qui seraient heureux d'être à ta place. »
Le manager bienveillant	Le manager bienveillant accorde beaucoup d'importance à la notion de sens dans le travail. Cependant, il reste focalisé sur le sens professionnel, pour ne pas dire global. Il essaye de transmettre le sens que lui-même a trouvé dans son propre travail.
Le manager bienveillant 2.0	Le manager bienveillant 2.0 s'intéressera à chaque individu afin de les accompagner vers un sens individualisé. Il doit faire un travail sur lui-même afin de trouver un sens à son travail. Il essaye d'amener chaque personne de son équipe à mettre en phase ses valeurs professionnelles avec ses valeurs personnelles afin qu'il n'y ait aucun conflit intérieur, source de démotivation.

POUR ALLER PLUS LOIN
ÉCOUTER, C'EST MANAGER. MANAGER, C'EST ÉCOUTER

Lors des séminaires de management, l'un des ateliers est consacré au calcul individuel de l'indice de bienveillance d'un manager. En fait, cet exercice est assez simple, et il a pour point de départ les qualités et les défauts des managers.

Point d'attention : l'indice de bienveillance

Étape 1 : notez les trois qualités que vous jugez les plus importantes pour un manager.

....

Étape 2 : notez les trois pires défauts que pourrait avoir un manager.

....

Étape 3 : notez entre 1 et 10 chaque qualité et chaque défaut cité. 1 : si vous n'avez absolument jamais cette qualité ou ce défaut; 10 : si vous avez toujours, sans aucune exception, cette qualité ou ce défaut.

	Qualités	Défauts
Note 1	...	...
Note 2	...	...
Note 3	...	...

Étape 4 : additionnez les points de vos trois qualités, puis ceux correspondant à vos trois défauts.

Étape 5 : faites la moyenne de vos qualités en divisant votre total par trois; faites de même pour vos défauts.

Étape 6 : faites la soustraction entre votre moyenne « qualités » et votre moyenne « défauts ». Votre indice de bienveillance doit correspondre à un chiffre entre 1 et 9.

Quel que soit le résultat, l'intérêt de cet exercice est de vous faire progresser. Posez-vous la question suivante : quelles actions puis-je mettre en place pour avoir des notes plus élevées sur mes qualités et moins élevées sur mes défauts?

J'ai proposé cet exercice à des CHU, des sociétés de high-tech, des assureurs, des banques et toutes sortes d'entreprises… Le résultat est toujours le même. La première qualité pour un manager est l'écoute.

Cependant, chose incroyable, si tous les managers savent intuitivement qu'ils doivent être à l'écoute de leur équipe, quand je leur demande comment ils font concrètement, un silence gêné s'installe la plupart du temps.

Nous savons qu'il faut être à l'écoute, mais nous sommes souvent incapables de formuler la raison qu'invoquerait notre équipe pour dire que nous sommes des managers à l'écoute. Je vous donnerai des pistes concrètes pour gérer ce questionnement un peu plus loin. Mais essayons d'abord de comprendre pourquoi cette capacité d'écoute est si importe.

ÉCOUTER, C'EST COMPRENDRE

Un manager gère des humain, et c'est l'une des choses qui rend son travail passionnant. Pour qu'un collaborateur puisse donner le meilleur de ce qu'il a, il n'y a pas d'autre choix que de comprendre parfaitement son fonctionnement, ses attentes par rapport à sa mission et à l'entreprise. C'est en écoutant que le manager pourra adapter son discours à chaque personne et faire en sorte que tout le monde trouve un sens enrichissant à son métier. Sans sens, pas de motivation possible.

> UN BON MANAGER DOIT TOUJOURS PRENDRE LE POULS DE SON ENTREPRISE POUR ÉVITER LA CRISE CARDIAQUE.
>
> Michaël Halimi

ÉCOUTER, C'EST APPRENDRE

Sans écoute, un manager ne progressera jamais. Un manager gère de l'humain, et l'un de ses principaux points de progression est sa capacité à faire évoluer chaque membre de son équipe. Oui, certains génies du management font cela de façon intuitive, mais pour la plupart cela s'apprend petit à petit.

ÉCOUTER, C'EST FAIRE GRANDIR

C'est dans l'écoute que l'autre se sent exister. Un manager sans cette capacité d'écoute aurait en face de lui des robots programmés pour une tâche précise. Si le manager n'écoute pas ses équipes, celles-ci ne progresseront jamais, ne suggéreront jamais rien de nouveau, ne feront jamais preuve d'initiative. À la différence d'un robot, les personnes travaillant pour un manager qui n'écoute pas finiront par démissionner.

Mais, concrètement, comment faire ? Eh bien, cela tient en deux point très simples.

Être disponible

Un manager doit aviser son équipe du moment où il est totalement disponible pour les écouter. Bien entendu, la réunion hebdomadaire d'équipe est un impératif (trente minutes pour partager les informations importantes de la semaine), mais le manager doit également se rendre disponible deux ou trois fois par semaine en bloquant, sur son agenda, de façon fixe, des plages horaires sans aucune réunion. Les managers passent trop de temps en réunion et pas assez avec leur équipe. Il est donc important d'inverser la tendance.

Agir

Il y a une différence entre entendre et écouter. L'écoute doit être le point de départ de l'action. Il n'y a rien de pire que de demander quelque chose à son boss et que rien ne se passe. Aucune réunion avec un collaborateur qui souhaite être écouté ne doit se finir sans un délai précis, sans une action concrète de la part du manager.

Un manager a souvent tendance à passer beaucoup de temps en réunion avec d'autres personnes que celles de son équipe. Il n'a donc pas d'autre choix que de reprendre la main sur son agenda et d'y libérer des plages horaires pour de mini-réunions informelles avec les membres de son équipe. Parfois, il suffit de deux phrases pour débloquer une situation. Mais encore faut-il avoir l'occasion de croiser son boss...

9

LE MANAGEMENT BIENVEILLANT 2.0

LE MANAGEMENT PAR LE BON SENS

Comme nous l'avons vu au fil des pages de ce livre, une grande partie du management relève du bon sens. Bien sûr, il existe quelques bases théoriques à maîtriser, mais depuis que je travaille sur ces sujets, je me rends compte que si nous revenons à l'humain et à sa compréhension, le management n'est pas si compliqué que certains théoriciens voudraient nous le faire croire. Bien entendu, les théories organisationnelles apportent des clés, mais une très grande différence existe entre les envies des salariés et la posture de certains dirigeants. Ainsi, ces derniers voudront promouvoir tel ou tel type d'organisation – libérée, sociocratique ou holacratique –, par conviction, pour « faire bien ». Quand les salariés, peu importe le modèle d'organisation choisie, n'aspirent qu'à bien vivre, à s'épanouir et à ne pas souffrir au travail.

Réfléchir au type d'organisation d'une entreprise peut être utile, mais il serait fou de croire que le fantasme d'un salarié est de travailler dans un type d'organisation spécifique. Pour lui, ce qui compte, c'est sa réalité au quotidien. Un salarié a le sentiment d'appartenir à un tout, et cela est formidable quand la culture d'entreprise et les valeurs portées par celle-ci sont en phase avec lui.

Il n'existe absolument aucune organisation parfaite ou meilleure que les autres. Prenez un mauvais manager, il le sera dans toutes les formes d'organisation. Prenez-en un bon, il le sera aussi. Et c'est à cela qu'un salarié prête attention en premier lieu ; ce qui compte le plus, d'un point de vue organisationnel, c'est sa relation personnelle avec son supérieur hiérarchique.

Quand elles me parlent de bien-être au travail, les personnes confondent les outils avec ceux qui les utilisent. Même si votre entreprise possède des locaux géniaux, des services extraordinaires, qu'elle propose du télétravail, qu'elle vous offre un bon salaire et tout ce que vous pouvez souhaiter, mais que votre manager est insupportable ou qu'il ne sait absolument pas manager, à un moment ou à un autre… vous démissionnerez.

Les bases du management sont les suivantes.

FAIRE SIMPLE

Le bon sens managérial, ce n'est pas de rendre les choses simples compliquées. Quand j'entends un manager m'expliquer qu'il veut mettre en place une organisation complexe pour stimuler la créativité et le bien-être, je lui pose toujours cette question : « En avez-vous parlé avec votre équipe ? » Trop de managers théorisent au lieu de chercher une solution avec leurs collaborateurs.

Une équipe n'attend pas de son manager qu'il invente l'eau tiède. Elle attend de lui une écoute, des actes pour l'intérêt collectif plutôt qu'individuel, des feed-back. La libération de la parole est bien évidemment au centre de ses préoccupations, et quoi de plus simple que la parole ?

La simplicité en matière de management, c'est d'avoir en permanence cette question à l'esprit : « Est-ce que j'aimerais que mon propre manager dise ou fasse ce que je m'apprête à dire ou à faire à ce membre de mon équipe ? » Autrement dit : faire preuve d'empathie.

Nous avons toutes et tous rencontré des personnes qui « s'écoutent parler », qui utilisent des mots complexes pour paraître intelligentes. Mais comme le disait Nicolas Boileau, qui n'était pourtant pas un professeur de management : « Ce que l'on conçoit bien s'énonce clairement, et les mots pour le dire arrivent aisément. » Voilà un parfait résumé ; s'exprimer clairement est essentiel !

ÊTRE EFFICACE

Quoi de pire qu'une équipe qui se demande à quoi sert son manager ? Et pourtant, cela nous est arrivé à tous. Quand la question se pose, c'est généralement parce que le manager pense que son équipe est à son service, alors que c'est l'exact inverse.

Le manager est au service de son équipe et se doit d'être efficace ; plus il le sera, plus l'équipe lui fera confiance et sera prête à se dépasser quotidiennement. Être efficace, c'est être honnête intellectuellement, c'est écouter plutôt que de parler, c'est agir plutôt que promettre.

Combien de managers tardent à prendre une décision ou n'en prennent tout simplement pas ? Combien de managers tergiversent de peur de blesser untel ou unetelle ? L'efficacité managériale est probablement l'une des choses les plus demandées par les équipes, car le principe même du poste est de faire avancer les choses, pas de les faire stagner ou reculer.

ADMETTRE SES PROPRES LIMITES

Le manager doit être dans l'autocritique et se regarder de façon objective. Il n'est ni Superman ni Wonder Woman. Prétendre le contraire est dangereux pour l'équipe. Ne pas être parfait, c'est aussi donner aux autres et à son équipe le droit de ne pas l'être, de commettre des erreurs.

Le bon sens, c'est oublier pour toujours deux injonctions du siècle dernier :

- la perfection,
- l'infaillibilité.

Il ne s'agit pas de se complaire dans ses faiblesses et de ne pas essayer de s'améliorer, mais il ne faut pas culpabiliser. Le monde d'avant la pandémie mettait une grosse pression sur les individus, y compris sur nos vies personnelles : performance, perfection, être une mère ou un père exemplaire, être à 100 % disponible pour son entreprise. La période prépandémie a été terriblement dure de ce point de vue. Quel représentant de la génération X n'a pas entendu cette phrase : « Si tu n'es pas content, tu peux partir ; y'en a dix autres qui veulent ton travail. » Il semble clair, tout du moins en France, que la peur de perdre son emploi ait joué un rôle central pour la génération X.

> LA HAUTE POLITIQUE N'EST QUE
> LE BON SENS APPLIQUÉ
> AUX GRANDES CHOSES.
>
> Napoléon Bonaparte

QUELQUES IDÉES CONCRÈTES POUR AGIR AVEC BON SENS

Parler de bon sens, c'est bien, mais agir avec bon sens, c'est mieux. Voici quelques exemples de comportements qui vous aideront sur le chemin du bon sens.

- Si un concept, une idée ou un dossier ne peut se résumer en une phrase, c'est que ce n'est pas encore assez clair dans votre esprit. Vous aurez donc du mal à convaincre votre équipe, vos collègues ou votre hiérarchie.
- Si l'idée que vous exposez n'est pas comprise à la première écoute, c'est qu'elle n'est pas claire et qu'il faut la retravailler.
- Utilisez des phrases courtes, des mots simples et supprimez les adverbes (vraiment, sincèrement, énormément). Plus votre discours sera « épuré », plus il sera entendu.

- La première intuition peut tout à fait être la meilleure. On perd un temps fou en refusant d'admettre que la solution trouvée rapidement est la meilleure.
- Au moindre doute, ou quand vous ne savez pas : demandez à un collègue ou à votre manager. Les managers n'osent pas « avouer » qu'ils ne savent pas, de peur de perdre de leur crédibilité. Mais un grand nombre d'entre eux finissent par s'isoler, et leur niveau de stress augmente petit à petit.
- Libérez la parole le plus possible en expliquant qu'il n'y a aucun sujet tabou dans votre équipe. Les équipes craignent leur hiérarchie et n'osent pas s'exprimer. Il est absolument essentiel d'éradiquer cette peur pour construire une relation de confiance.
- Faites gagner du temps à votre équipe : réunions courtes, appels (plutôt qu'e-mails), e-mails brefs.

C'EST VOUS QUI LE DITES

«Pendant très longtemps, je ne décidais rien sans m'être renseigné pendant des jours en lisant des livres, des articles, même pour des décisions que je considère aujourd'hui comme simples. Désormais, je me repose sur mon bon sens. J'y suis arrivé le jour où je me suis fait confiance. Je crois qu'il est très important qu'un manager se fasse confiance et fasse confiance à sa capacité à décider.»

Jacques, directeur général

«Dans mon métier, le bon sens est absolument central. Et pourtant, en tant que manager, j'ai longtemps joué le rôle, de la méchante, en pensant que je serais plus crédible comme telle. En fait, je me suis épuisée, et mes équipes me détestaient. J'ai changé en m'appuyant sur la personnalité que j'ai dans ma vie personnelle. J'ai mis un terme au personnage que j'avais créé et me repose aujourd'hui sur mon bon sens, y compris en tant que manageuse.»

Annie, directrice marketing

Test : avez-vous du bon sens ?

Vous venez de perdre un énorme contrat :

■ Vous déprimez.

● Vous positivez.

+ Vous cherchez à comprendre le pourquoi de cet échec.

Votre équipe n'atteint pas ses objectifs :

+ Vous cherchez des solutions avec votre équipe.

■ Vous lui passez un savon.

● Vous cherchez où est le problème.

Un collaborateur vient vous voir pour vous dire qu'il n'est plus motivé par son travail :

■ Vous pensez qu'il va démissionner.

+ Vous savez précisément comment le remotiver.

● Vous êtes désemparé(e).

Tous les membres de votre équipe sont motivés par les mêmes choses :

+ Faux.

■ Vrai.

● Je ne sais pas.

Il est souhaitable que les membres de votre équipe n'aient pas les mêmes valeurs personnelles et professionnelles :

■ Vrai.

● Faux.

+ Je ne sais pas.

VOUS AVEZ PLUS DE :

+ **Vous savez donner du sens.** Pour vous, le mot « sens » a une véritable signification, et il ne s'agit pas que d'un vague concept. Vous en parlez avec votre équipe et c'est un véritable levier de motivation au quotidien. Vous avez saisi l'évolution de la relation que les salariés ont avec leur travail, relation de plus en plus complexe.

● **Vous tâtonnez.** Vous sentez bien que la question du sens est un véritable sujet, mais vous n'êtes pas forcément à l'aise avec le concept. Vous savez que vous devriez en parler avec votre équipe, mais vous ne savez pas véritablement comment vous y prendre. *Mon conseil* : parlez-en avec vos collègues managers afin de partager vos doutes, et vous constaterez qu'ils ont probablement les mêmes. C'est en échangeant que vous trouverez la solution.

■ **Vous êtes en terre inconnue.** Pour vous, la notion de « sens » est un véritable mystère, peut-être même une fumisterie. Vous ne croyez pas à l'importance du sens donné au travail pour les membres de votre équipe et vous êtes convaincu(e) que ce n'est pas votre affaire. *Mon conseil* : vous devriez essayer d'en parler avec l'un des membres de votre équipe, et vous seriez sans aucun doute surpris(e) de sa réponse… et de son intérêt de parler de ces sujets avec vous.

LA BONNE QUESTION À SE POSER
LE MANAGEMENT S'APPREND-IL ?

Quelle étrange question venant de quelqu'un qui écrit des livres sur le management depuis des années ! Pourtant, il est important d'y apporter une réponse. Grâce à ma longue expérience de manager et de conférencier, je peux l'affirmer : oui, le management s'apprend ! Il serait d'ailleurs temps que nos grandes écoles et nos universités en prennent conscience afin de préparer le terrain dès la formation professionnelle.

Le management est un métier, et comme tout métier, il implique des impératifs et des choses à savoir. Apprendre les bases est à la portée de toutes et de tous. Un enfant n'apprend pas la politesse tout seul. Sans les codes donnés par ses parents, il ne devinera pas qu'il faut dire « bonjour » et « merci », ne pas voler les jouets de ses copains ou ne pas taper sur un autre enfant qui ne lui plaît pas. Il en va de même avec la bienveillance et le management. Cela s'apprend.

Avec les années, j'ai acquis une conviction : la différence entre les bons et les très bons managers n'est pas une question de compétence innée ou ne requiert pas un talent spécial. Ce qui fait la différence, c'est l'amour du métier, le fait que l'on ne devient pas manager pour un supposé prestige, mais parce que l'on aime encadrer des gens et que leur bien-être nous tient à cœur. C'est ce rapport à l'ego qui change tout.

Je ne dis pas que le manager bienveillant 2.0 n'a pas d'ego, mais simplement qu'il passe après son équipe. Le bien-être et la réussite de son équipe sont sa priorité. Tous les managers ont eu un jour, devant une (grosse) erreur d'un membre de son équipe, un choix à faire :

- dire à sa hiérarchie qui a commis la faute et ne rien assumer ;
- encaisser toute la responsabilité de la faute et former la personne pour que cela ne se reproduise jamais.

Certaines personnes sont plus altruistes que d'autres, mais tout le monde peut être formé afin qu'il n'existe plus de mauvais managers.

POUR ALLER PLUS LOIN

CINQ RAISONS DE VOUS TROUVER FORMIDABLE

Pendant des années, j'ai été mon propre ennemi. Intransigeant avec moi-même, j'avais des difficultés à admettre mes propres imperfections, et j'ai fini par me démotiver. Nous avons tous une tendance naturelle à être durs avec nous-mêmes. Cette inclination n'est pas contredite par notre système éducatif qui a plutôt tendance, dès notre plus jeune âge, à souligner en rouge ce que nous ne faisons pas bien plutôt qu'à souligner en vert ce que nous faisons bien.

Trouver le juste équilibre entre l'autosatisfaction et l'autoflagellation n'est pas chose aisée, et nous sommes beaucoup plus forts pour la seconde que pour la première. Voici cinq raisons de regarder le verre à moitié plein quand vous pensez à vous.

1. VOUS NE SEREZ JAMAIS PARFAIT

Le culte de la perfection est une injonction extrêmement violente. Il ne s'agit en aucun cas de renoncer à vouloir s'améliorer, mais il est bon d'admettre que nous avons nos limites. J'aurais beau m'entraîner comme un fou, je ne courrais jamais le 100 mètres en dix secondes. Nous avons tendance à nous dire que si d'autres personnes arrivent à faire quelque chose, il n'y a aucune raison pour que nous n'y arrivions pas. Eh bien, c'est faux ! Nous ne pouvons pas être bons en tout. Il faut connaître nos limites, en accepter certaines et se focaliser uniquement sur celles qui, une fois dépassées, nous ferons du bien.

Regarder avec bienveillance nos défauts nous permet d'apprécier à leur juste valeur nos qualités… et ça, ça fait un bien fou !

2. VOUS ÊTES UNIQUE

« Quand je me regarde, je me désole ; quand je me compare, je me console », aurait déclaré Talleyrand. J'ai toujours beaucoup aimé cette citation. Si parfois nous avons un problème d'amour-propre, c'est parce qu'il y a un décalage entre la personne que nous voyons dans le miroir et celle que nous voudrions être. Le bouddhisme explique une chose très simple : pour être zen, il faut voir dans le miroir ce que nous voudrions être, et imaginer que les autres voient de nous exactement la même image.

Ce n'est pas forcément en étant différent que vous arriverez à mettre ces trois images en concordance, c'est en vous regardant avec bienveillance dans le miroir et en vous fixant des objectifs réalistes. Il n'existe pas de modèle absolu de l'être humain parfait. Nous portons tous en nous une part de perfection… une part unique.

Il fut un temps, je rêvais d'être David Bowie ou Gustave Flaubert… Je ne suis ni l'un ni l'autre, je suis moi, et c'est déjà pas mal !

> LORSQUE TU SOUS-ESTIMES CE QUE TU FAIS, LE MONDE SOUS-ESTIMERA QUI TU ES.
>
> Oprah Winfrey

3. VOUS POUVEZ ÊTRE FIER(FIÈRE) DE VOUS

Se complimenter, ce n'est pas vraiment dans notre culture. Et pourtant, cela fait un bien fou. Il ne s'agit pas de donner dans l'autosatisfaction permanente, mais d'admettre chaque jour que tout ce que nous faisons n'est pas aussi simple qu'il y paraît.

Réfléchissez bien. Dressez la liste de tout ce que vous avez fait hier. Pensez-vous vraiment que n'importe qui sur cette planète aurait pu faire la même chose ? Avec les années, j'ai appris à reconnaître ce que je faisais de bien. Ce peut être un plat que je cuisine pour mes enfants, un article, un coup de main que je donne… peu importe. Il y a tant de choses que nous faisons sans prendre le temps de nous dire : « Hey, c'est bien ce que j'ai fait, je suis fier de moi ! »

Comme le disait ma grand-mère, on n'est jamais aussi bien servis que par soi-même. Recevoir des compliments fait du bien. Commençons donc par nous en faire à nous-mêmes.

4. VOUS ÊTES SEUL(E) JUGE

Demander son avis aux autres pour évaluer ce que l'on fait… pourquoi pas. Mais, si vous êtes parfaitement honnête, quand vous demandez à quelqu'un son avis sur votre travail, vous attendez une validation ou des compliments.

On me demande très souvent des conseils concernant l'écriture d'un livre, et on me sollicite parfois pour relire et donner mon avis. Je donne toujours la même réponse : ne faites jamais relire un manuscrit. Il n'y a que deux personnes à qui ce manuscrit doit plaire : vous et la personne qui le publiera. Multiplier les opinions ne servira qu'à vous embrouiller.

Nous sommes notre meilleur juge… et parfois le plus dur.

5. CHAQUE FAIBLESSE EST UNE FORCE POTENTIELLE

Nous avons tendance à plus voir nos défauts que nos qualités. Essayez un instant de regarder vos défauts ou vos faiblesses comme ce qui vous rend différent, spécifique. Puis, une fois que vous les avez admis, posez-vous la question suivante : et si ces défauts me permettaient de faire des choses que personne d'autre que moi ne peut faire ?

J'ai réalisé que mon plus gros défaut était d'être pratiquement incapable de me concentrer plus de dix minutes sur une tâche... Bien sûr, je faisais des efforts, mais c'était plutôt considéré comme un défaut dans le monde cadré de l'entreprise, et j'étais malheureux.

Mes difficultés à me concentrer sont pourtant devenues un atout incroyable aujourd'hui où je cumule plusieurs métiers en même temps. Pendant que j'écrivais ce paragraphe, j'ai posté sur Instagram, sur LinkedIn, j'ai rédigé une interview, géré mon compte YouTube... Sans mes troubles de l'attention, je ne pourrai pas faire tout ça. Ce qui paraissait être une faiblesse dans le monde de l'entreprise est maintenant ma plus grande force. Il me semble fondamental de se poser la question de savoir « quel est le milieu qui me convient le mieux ? » plutôt que de se demander « quel est le milieu qui me plaît le plus même si je ne suis pas adapté à celui-ci ? » Il me semble donc primordial d'apprendre à (bien) se connaître en tant que personne avant de choisir une orientation professionnelle.

La principale clé de tout cela est de nous accepter tels que nous sommes... et la première étape est de savoir qui nous sommes, dans le bon comme dans le moins bon. Une fois que vous disposez de la photographie en haute définition de la personne que vous êtes, il est temps d'agir. Votre première action sera de vous considérer de façon bienveillante et, peut-être, pour la première fois de votre vie, de vous regarder droit dans les yeux et de vous dire : « Hey, salut toi... je t'aime bien, tu sais ! »

Le manager du XXe siècle	Il aime paraître intelligent en utilisant des mots et des théories complexes. Ce manager ressemble un peu aux médecins de l'époque de Molière, qui étaient persuadés posséder une science que nul autre ne pouvait, ni ne devait apprendre ou comprendre.
Le manager bienveillant	Le manager bienveillant aborde le bon sens de façon globale. Il a une vision d'ensemble de son équipe et applique des règles collectives de bon sens. À la différence de son ancêtre, il essaye de faire simple même s'il se pose de grandes questions métaphysiques sur son positionnement par rapport à son équipe.
Le manager bienveillant 2.0	Il est avant toute chose un facilitateur. Il essaye que chaque membre de son équipe trouve des solutions simples. Pour le manager bienveillant 2.0, le bon sens est la règle absolue, y compris quand il s'agit de lui-même.

POUR ALLER PLUS LOIN

MANAGER EST-IL LE MÉTIER LE PLUS DIFFICILE DE L'ENTREPRISE ?

Il arrive qu'à la fin de mes conférences, on vienne me voir pour me dire : « Gaël, ce que vous dites, c'est bien, mais franchement, vous n'insistez pas assez sur le fait qu'être manager, c'est difficile. » Je dois bien l'avouer, je n'insiste pas énormément sur le fait qu'être manager est un métier difficile, très difficile.

LE MANAGER EST ENTRE LE MARTEAU ET L'ENCLUME

Être manager, c'est être pris en étau entre une hiérarchie – qui donne des objectifs, des instructions, une stratégie – et une équipe qu'il faut convaincre que tout est parfait, quand bien même on n'est pas convaincu des décisions prises au-dessus de soi. Un manager se doit en effet d'être solidaire de sa hiérarchie, quitte à avoir à assumer des choses qu'il n'approuve pas. Jean-Pierre Chevènement l'a parfaitement exprimé en 1983 quand, en désaccord profond avec le Gouvernement de François Mitterrand, il quitte ses fonctions : « Un ministre, ça ferme sa gueule. Si ça veut l'ouvrir, ça démissionne. » N'en serait-il pas de même pour un manager ?

LE MANAGER N'A QUE PEU DE RECONNAISSANCE DE LA PART DE SES ÉQUIPES

Quelles que soient ses qualités, le manager a très rarement la reconnaissance directe et permanente de ses équipes. S'il attend celle-ci pour se motiver, il risque d'être déçu. Il y a une forme d'altruisme dans le fait d'être manager. Sa motivation, il faudra qu'il la trouve en lui-même.

> LE SAGE NE RENCONTRE PAS DE DIFFICULTÉS CAR IL VIT DANS LA CONSCIENCE DES DIFFICULTÉS ET DONC, N'EN SOUFFRE PAS.
>
> Lao-tseu

LE MANAGER SUBIT BEAUCOUP DE PRESSION

Le manager porte souvent la responsabilité des résultats d'une stratégie qu'il n'a pas créée. Et parce qu'il est plus opérationnel, ses N+1 font retomber sur lui une énorme pression, en exigent toujours plus afin d'atteindre au plus vite les résultats escomptés et de prouver que leur stratégie est la bonne. Une position délicate…

POINT D'ATTENTION

Le syndrome de l'imposteur (que l'on peut également appeler le syndrome de l'autodidacte) est une attitude développée chez certaines personnes qui considèrent qu'elles ne sont jamais responsables des succès et des réussites qui les concernent. Elles ont tendance à attribuer ces succès à la chance ou à leurs relations… mais jamais à elles-mêmes.

Les victimes de ce syndrome sont souvent émotionnellement fatiguées, car elles s'attendent à être démasquées à tout moment.

LE MANAGER TRAVAILLE BEAUCOUP

Ce point est généralement la conséquence des précédents. Une journée de travail ne suffit pas pour tout faire. Le manager lira ses e-mails le soir, le week-end, non par choix, mais parce que le nombre de réunions auxquelles il participe l'empêche de le faire dans la journée. Trouver du temps pour un travail de fond est de plus en plus difficile pendant une journée « normale »… alors elle se rallonge.

LE MANAGER EST SOUVENT SEUL

Comme je l'ai déjà évoqué, dire « je ne sais pas » ou « je ne peux pas » est souvent perçu comme un aveu d'échec et d'incompétence pour de nombreux managers. Petit à petit, ceux-ci s'isolent en pensant pouvoir tout gérer seuls. La hiérarchie et la culture d'entreprise y sont parfois pour beaucoup, car elles poussent les managers à être des supermen et des wonder women, ce qui n'est que rarement le cas.

Oui, être manager est difficile. Cela peut-il changer ? Sans doute, mais à la marge. Bien entendu, la déconnexion numérique diminue un peu la pression, mais à partir du moment où vous êtes responsable d'une équipe, vous avez la pression. La pression apparaît avec la responsabilité.

Le métier de manager sera toujours difficile, mais pas forcément LE plus difficile. Toute personne qui ne tire pas de plaisir à gérer cette difficulté doit se demander si elle souhaite exercer ce métier par intérêt intellectuel ou juste parce que ça fait bien sur la carte de visite. En cela, les générations Y et Z empruntent une fois de plus le bon chemin, et nous mèneront peut-être vers plus de bien-être en entreprise grâce à un management de meilleure qualité.

10

ET APRÈS ? RIEN N'EST JAMAIS GAGNÉ

Il y aura bien un avant et un après-pandémie. Cependant, on voit réapparaître de vieux réflexes… L'un d'eux redevient même inquiétant : le présentéisme. Avant la pandémie, nous parlions déjà beaucoup du fait de rester au travail, juste pour faire acte de présence alors que l'on n'a plus grand-chose à y faire.

Dans l'inconscient collectif, partir tard du bureau est synonyme de motivation, d'implication, d'engagement. Quelle blague ! Une preuve ? Déjà en 2016, une étude du cabinet Olfeo avait montré qu'un salarié passait en moyenne 1 heure 15 chaque jour sur les réseaux sociaux alors même qu'il était au travail. Pendant 1 heure 15, il faisait donc semblant de travailler.

Et puis la pandémie et le premier confinement sont arrivés. Le présentéisme physique a tout à coup disparu. De fait, les salariés n'allaient plus au bureau et ils ont découvert, à marche forcée, le télétravail à 100 % (ou, malheureusement, le chômage partiel). Nombreux ont été ceux – moi le premier – qui pensaient que le confinement, suivi du retour au bureau, serait le début d'une véritable prise de conscience concernant la notion de présentéisme… Cela a été le cas, mais en partie seulement.

LE PRÉSENTÉISME NUMÉRIQUE COMME NORME

Toutes les personnes qui ont connu le télétravail forcé lors des différents confinements ont constaté l'augmentation du nombre d'heures travaillées, l'absence de périodes de déconnexion totale, y compris le week-end.

Pendant ces périodes de confinement particulièrement anxiogènes, être sur le pont 24 h/24 et 7 j/7 était une sorte de preuve d'engagement face à la crise traversée. Bien entendu, avant la pandémie, les salariés qui étaient capables de rédiger un e-mail un samedi à 23 heures existaient déjà, mais, là, la tendance est pratiquement devenue la norme.

En temps de crise, cela paraissait pratiquement normal, surtout pendant le premier confinement. Après tout, nous étions passés en mode panique, prêts à tout pour sauver nos entreprises.

Malheureusement, de mauvaises habitudes ont été prises. Le télétravail à 100 % laisse des traces et génère un fond de culpabilité. « Et si mon boss pensait que je ne fais rien ? », telle est l'angoisse que beaucoup d'entre vous m'ont rapportée… Malheureusement, cette anxiété n'a pas disparu, elle s'est même accentuée. Certains managers accordant plus de valeur au travail en présentiel qu'au travail à distance.

La solution : Passer en mode gestion par objectif, comme je l'expliquais précédemment. Il me semble néanmoins essentiel que tous les managers soient extrêmement clairs sur le fait qu'ils accordent autant de valeur au travail en présentiel qu'en distanciel. Chaque équipe devrait parler clairement de ce présentéisme numérique et établir des règles à respecter : pas d'e-mails après une certaine heure ou le week-end, pas même « en cas d'urgence » ! Une urgence ne se traite jamais par e-mail. Voici une anecdote consternante pour vous le prouver. Le directeur de la sécurité d'une tour du quartier de la Défense m'a raconté qu'un jour il avait reçu un e-mail d'un salarié disant « ça sent le gaz dans mon bureau, je fais quoi ? » Je ne sais ce que vous en pensez, mais prendre le téléphone m'aurait semblé plus prudent, non ?

LE RETOUR DU PRÉSENTÉISME PHYSIQUE

Trop de managers mettent une pression énorme sur leurs collaborateurs par l'intermédiaire de messages un tantinet sournois expliquant que pour maintenir le lien dans l'équipe, c'est tout de même vachement mieux le présentiel. Bien souvent, ces propos sont tenus par des managers anti-télétravail, qui n'accordent que peu de confiance à leurs équipes.

Il me semble très très urgent qu'un discours clair soit tenu dans toutes les entreprises pour valider le fait que le télétravail fait désormais partie de la réalité du monde du travail, pour toujours, et qu'il n'y aura pas de retour en arrière.

Par ailleurs, les entreprises voulant garder leurs talents et en attirer des nouveaux n'auront pas le choix, comme le montre un sondage OpinionWay pour Slack : plus de la moitié des moins de 35 ans sont prêts à changer d'employeur si celui-ci venait à imposer le retour du présentiel à 100 %.

Certains managers qui étaient contre le télétravail avant la pandémie le sont toujours… mais leurs arguments ont évolué voyant que le monde a changé. S'opposer frontalement au télétravail passerait, au mieux, pour de la ringardise, au pire, pour du mauvais management. Des arguments de cohésion d'équipe sont donc mis en avant. Alors, je lance une alerte : que ce soit dans les petites ou dans les grandes entreprises, il est impératif de passer le message qu'aucun retour en arrière n'est possible et, surtout, que le télétravail est source de bien-être et donc, in fine, de productivité. Il faut que les managers de proximité cessent de culpabiliser les membres d'une équipe en télétravail face à d'autres en 100 % présentiel.

La solution : ne laissez aucune latitude aux managers pour imposer le nombre de jours télétravaillés dans la semaine. Je vois beaucoup d'entreprises qui donnent la possibilité de prendre deux ou trois jours de télétravail hebdomadaires, mais qui ne disent absolument rien si zéro jour devient la norme dans certaines équipes…

Le présentéisme a toujours été un vrai problème pour la santé des salariés. Contrairement à une idée reçue, travailler plus n'a jamais signifié produire plus. La baisse de la productivité est même induite par l'augmentation de la fatigue psychologique et physique. J'en avais débattu lors d'une room sur Clubhouse, et il existe des moyens concrets pour lutter contre le présentéisme.

Le niveau d'engagement des salariés reste terriblement bas, comme le montre l'étude Gallup « State of the Global Workplace » publiée en septembre 2021.

Rank	Country	Change*	% Engaged
1	Iceland	**	22
2	Malta	0	21
3	Denmark	0	20
4	Sweden	0	18
5	Portugal	+1	18
6	Norway	+1	18
7	Germany	-1	15
8	Ireland	0	13
9	Switzerland	0	12
10	Netherlands	+2	12
11	Belgium	-1	12
12	United Kingdom	-1	11
13	Austria	0	10
14	Finland	+1	10
15	Luxembourg	0	8
16	Spain	+1	8
17	France	0	7
18	Italy	0	5

Et ne nous y trompons pas, les entreprises qui n'intégreront pas parfaitement les nouveaux modes de travail verront l'engagement des salariés tomber encore plus bas… jusqu'à ce qu'ils aillent voir ailleurs !

Test : êtes-vous à l'aise avec vous-même en tant que manager ?

Vous pensez maîtriser votre rôle de manager :

+ Oui.
■ Pas du tout.
● Plus ou moins.

Quand vous êtes en face à votre équipe pour annoncer une mauvaise nouvelle :

+ Vous êtes totalement à l'aise.
■ Vous paniquez.
● Vous hésitez, mais vous y arrivez.

Un membre de votre équipe commet une énorme erreur :

■ Vous en parlez à votre hiérarchie.
+ Vous assumez l'erreur.
● Vous avez peur.

Vous aimez votre rôle de manager :

+ Plus que tout.
● C'est un métier comme un autre.
■ Il faut bien, oui.

Ce qui vous rend fier(e) dans votre métier :

- ■ Le prestige du poste.
- + Faire grandir son équipe.
- ● Les responsabilités.

VOUS AVEZ PLUS DE :

+ **Vous êtes à l'aise.** Vous connaissez parfaitement les limites de votre métier, ses avantages et ses inconvénients. Vous trouvez votre motivation dans la gestion de votre équipe. Vous savez gérer cette dernière et, que ce soit dans les moments heureux comme dans les moments difficiles, vous y puisez toujours une satisfaction personnelle. Vous avez trouvé votre voix en étant manager, il n'y a aucun doute, et votre équipe en est totalement consciente.

● **Vous hésitez.** Vous n'êtes pas totalement à l'aise avec tous les éléments constitutifs du management, mais vous faites de votre mieux et êtes en phase d'apprentissage. Pas d'inquiétude. Vous êtes totalement conscient de vos points faibles et de ce que vous devez faire évoluer, ce qui est un vrai point fort. La seule chose inacceptable chez un manager, c'est de penser qu'il maîtrise parfaitement l'ensemble de son rôle. Ce n'est pas votre cas, et vous cherchez en permanence à vous améliorer.

■ **Vous n'êtes peut-être pas à votre place.** Il ne s'agit que d'un test, bien sûr, mais peut-être devriez-vous vous demander si vous avez fait le bon choix de carrière. Tout le monde n'est pas fait pour le rôle de manager et si vous ne maîtrisez pas totalement ce rôle, cela peut avoir des conséquences désagréables sur votre équipe. Pas de panique cependant. Vous pouvez prendre conscience de cette réalité, progresser dans votre rôle de manager, considérer qu'être manager n'est pas votre voie, et en changer pour trouver votre épanouissement professionnel.

LA BONNE QUESTION À VOUS POSER

QUELLES SONT LES QUALITÉS LES PLUS ATTENDUES PAR VOTRE ÉQUIPE ?

Quand on est manager, c'est vraiment compliqué de savoir si l'on est bon ou pas. Bien sûr, il y a les résultats chiffrés pour certaines fonctions, les résultats qualitatifs pour d'autres ; mais être manager va bien au-delà d'éléments concrets. Le plus compliqué, c'est l'humain. Il est de plus en plus admis que l'humain est le cœur de l'entreprise, que sans bien-être, il ne peut y avoir d'engagement des équipes, de performance, de créativité. Et ce sont les managers de proximité qui sont les meilleurs baromètres du bien-être des équipes. Aujourd'hui, avec la forte augmentation du management à distance, la responsabilité des managers pour conserver le lien entre les équipes et l'entreprise n'a jamais été aussi mise en avant.

POINT D'ATTENTION

Jamais les managers de proximité auront été aussi importants. À distance, le manager est en effet le lien principal entre l'entreprise et ses salariés. Un management de piètre qualité aura donc beaucoup plus de répercussions sur les équipes à distance que lorsqu'elles sont proches physiquement. C'est ce qui explique la dimension grandissante de leur rôle.

POUR LA COMMUNICATION INTERNE

Dans une période où le travail à distance associé au travail en présentiel est devenu la norme, les managers de proximité ont un rôle de courroie de transmission absolument essentiel.

Que l'on parle d'information montante (du terrain vers la direction) ou descendante (de la direction vers les opérationnels), c'est le principe de la rumeur collective qui prédomine.

Moins les managers seront formés à ces nouvelles méthodes de management imposées par la pandémie – le management à distance, entre autres –, plus la distorsion entre la stratégie de l'entreprise et sa mise en œuvre sera grande. Cependant, avec des managers de proximité de qualité, non seulement les équipes ne navigueront pas à vue, mais les remontées d'informations, souvent essentielles, seront pertinentes.

POUR LA MOTIVATION DES ÉQUIPES

Plus la part de télétravail est importante, plus les managers de proximité doivent être attentifs au niveau de motivation de leurs équipes. La capacité à se motiver seul, dans son coin, et sans management de qualité, n'est pas égale pour tout le monde. Parfois, cela relève même de la mission impossible. Cela devient une problématique très présente aujourd'hui : l'attente des équipes vis-à-vis de leur manager direct est de plus en plus forte, et ce, pour plusieurs raisons :

- La distance peut être anxiogène. Les équipes ont besoin de savoir dans quelle direction l'entreprise va. Le rôle du manager est de relayer les informations et de garantir une transparence totale. Il est toujours plus rassurant d'avoir un pilote dans l'avion qui semble maîtriser la situation en cas de turbulences qu'un pilote paniqué qui disparaît en emportant un parachute.
- Une équipe cale son humeur sur celle de son manager. Un manager de proximité qui ne maîtriserait pas les bases du management à distance court le risque de voir son moral baisser au fil des jours passés en télétravail. À l'inverse, ce sont les bons managers qui arrivent à tirer le meilleur de la période, sans réduire la qualité des relations sociales.

POUR PRÉPARER DEMAIN

L'arrivée de la pandémie a été une rupture brutale ; en quelques jours, notre monde et nos vies ont radicalement changé. Les managers de qualité sont ceux qui adaptent leur fonctionnement sans attendre une nouvelle rupture. Les managers de qualité ne sont pas seulement ceux qui savent gérer la période telle que nous la connaissons. Ce sont aussi ceux qui se demandent comment nous fonctionnerons demain, même quand tout va bien. Ils sont une courroie de transmission.

Mais alors, comment savoir si, en tant que manager, le baromètre va vers le beau temps grâce à nous ou si, au contraire, nous sommes à l'origine d'une bonne grosse dépression ? Voici cinq questions à se poser pour avoir un début de réponse.

1. Mon équipe sait-elle en quoi consiste mon métier ?

Cette question vous semble idiote ? Pourtant, un grand nombre de salariés se la posent. Certains managers aiment à laisser penser que leur métier est très complexe. Quand bien même cela serait vrai, il est inutile d'en faire mystère. L'autorité d'un manager ne se construit pas autour du secret mais du partage. Votre équipe dépend de vous. Il est légitime qu'elle sache en quoi consiste votre métier.

Cette question est encore plus valable si vous encadrez de jeunes collaborateurs qui ne savent pas véritablement comment fonctionne une entreprise, et encore moins comment se répartissent les rôles. Ce n'est pas parce que quelqu'un a le titre de manager que tout le monde sait ce que recouvre ce mot !

2. Mon équipe sait-elle ce que je fais concrètement du matin au soir ?

Ah ! le mythe du boss enfermé dans son bureau, qui passe son temps en réunion pendant que ses équipes travaillent. Qu'il est tenace celui-là ! Mais combien de managers ne communiquent jamais sur ce qu'ils font concrètement ?

Motivation, transparence, sens donné à la mission de chacun. J'avais partagé mon agenda dans son intégralité avec l'ensemble de mes équipes afin qu'elles puissent, le cas échéant, me poser des questions. En expliquant ce que vous faites dans une journée, votre équipe vous suggérera peut-être de passer moins de temps en réunion et plus de temps avec elle : c'est gagnant-gagnant. Un salarié qui devient manager a très souvent la tentation de justifier son rôle et son importance par des réunions continuelles. Si tel n'est pas votre cas, bravo ! Mais il faut que vous ayez conscience que ne pas être victime de la réunionite aiguë est rare !

Nous avons très souvent l'impression que notre N+1 ne peut pas comprendre nos problèmes concrets du quotidien. En tant que manager, expliquer ce que l'on fait permet d'améliorer la proximité avec les équipes. Si les managers se plaignent du trop-plein de réunions et les managés se plaignent de leurs managers trop souvent en réunion, il devrait être possible de trouver une solution, non ?

Parler de ces sujets sans tabou, voilà comment les managers et les managés trouveront un juste équilibre qui permettra d'éviter la « réunionite aiguë » mais également l'absence totale de réunions, qui sont l'une des bases essentielles du lien dans une équipe.

3. Mon équipe me considère-t-elle comme un(e) allié(e) ?

Être manager, c'est faire preuve de courage managérial et savoir se tenir aux côtés de son équipe dans les bons, mais surtout dans les mauvais moments. Un bon manager est considéré par ses collaborateurs comme un leader. Et la transparence passe par la libération de la parole, les compliments… et les critiques.

Le numérique peut aider en la matière. Mettre en place des outils comme Zest ou Supermood est la preuve concrète que le management est ouvert à la critique… et à l'évolution. Ces applications permettent aux salariés de donner leur opinion de façon anonyme sur des sujets définis par les dirigeants, et de partager leur niveau de bien-être physique ou psychologique. Le cas échéant, ils offrent la possibilité de mettre en place des actions correctives et de participer à des sondages qui seront une aide à la décision pour les dirigeants.

En général, c'est le service des ressources humaines qui se charge de mettre en place ces outils, en collaboration (pour les grandes entreprises) avec la communication interne. Ces dispositifs donnent ainsi la parole aux salariés et sont bien accueillis quand ils servent à faire évoluer un service, puis deux, avant de se généraliser à toute l'entreprise. Grâce à eux, j'ai vu l'ambiance de certaines sociétés changer.

Il arrive malheureusement trop fréquemment qu'une équipe ne considère pas son manager comme quelqu'un qui partage ses préoccupations quotidiennes. Le manager se tient dans sa tour d'ivoire, ne s'occupe pas de l'opérationnel alors qu'il devrait savoir mettre les mains dans le cambouis ! Pour qu'une équipe accorde du respect à son manager, il faut qu'elle n'ait aucun doute sur le fait que celui-ci sera toujours le premier défenseur des intérêts collectifs. Si la moindre hésitation s'installe, si l'équipe pense que son manager travaille en solo… la relation est brisée.

> IL EST CURIEUX DE VOIR COMBIEN L'EXCELLENCE ADOPTE FRÉQUEMMENT LES MANIÈRES SIMPLES, ALORS QUE LES MANIÈRES SIMPLES PASSENT SI SOUVENT POUR UN SIGNE DE MÉDIOCRITÉ.
>
> Giacomo Leopardi

4. Mon équipe m'est-elle loyale ?

Ce point est la conséquence directe du précédent. Vous voulez une équipe engagée et motivée ? Sans une confiance aveugle en vous : impossible. La loyauté professionnelle, c'est d'être capable de dire à son boss que l'on n'est pas d'accord avec une décision, c'est d'être impliqué à fond pour atteindre les objectifs qu'il a fixés, c'est de ne pas dire du mal dans son dos à la machine à café pour saper son autorité.

Comment savoir si son équipe est loyale ? Généralement, c'est une chose qui se mesure dans les coups durs. Si votre équipe ne se plaint jamais, ne lance jamais de discussions contradictoires : danger ! C'est autour de la loyauté que se construit la solidarité dans une équipe : tout le monde aide tout le monde dans l'intérêt de tous et, in fine, dans celui de l'entreprise.

5. Mon équipe est-elle heureuse dans son job/ de travailler avec moi ?

Bon… ça, c'est probablement le plus complexe à jauger. À chacun sa définition de ce qu'est être heureux. Et c'est pour cela qu'il n'y a qu'un moyen de le savoir : faire parler chaque individu sur le sujet. Vous pensez que le bien-être au travail est un thème important ? Parlez-en avec vos équipiers en organisant, par exemple, une réunion dont ce sera le thème.

Je constate très souvent que les managers n'osent pas aborder ces sujets de peur d'ouvrir la boîte de Pandore. Organiser une réunion afin d'améliorer le vivre ensemble, en demandant à son équipe de parler en toute transparence, cela peut sembler naïf pour beaucoup de managers, mais je l'ai vu fonctionner dans 100 % des cas pour les managés.

Et si, en tant que manager, vous vous dites que le problème ce n'est pas vous mais vos N+1, N+2 ou N+10, c'est qu'il faut revenir au point numéro 3. Un manager se bat pour son équipe quand il estime que ce combat est légitime, même si cela va à l'encontre de sa propre hiérarchie. C'est à ce prix qu'une équipe s'engagera à 100 % aux côtés de son boss.

Avez-vous pu répondre à toutes ces questions ? En tant que manager et en tant que managé ? Une discussion n'est jamais à sens unique... Si vous pensez que votre boss fait du golf pendant que vous travaillez, vous pouvez tout à fait lui en parler en y mettant les formes, et si c'est effectivement vrai, ce sera compliqué de rester motivé. Cependant, dans 99 % des cas, vous comprendrez mieux le métier de votre manager et vous serez peut-être fier(fière) de travailler pour lui. Car il ne faut pas se mentir, travailler pour quelqu'un que l'on respecte et, encore mieux, que l'on admire, c'est tout de même mille fois plus motivant que de travailler du matin au soir pour quelqu'un que l'on prend pour un tire-au-flanc.

Le manager du XXe siècle	Il n'écoute jamais. Il est simplement fier du statut social que lui confère son titre de manager au sein de l'entreprise. Cette attitude pourrait facilement passer pour de l'arrogance.
Le manager bienveillant	Il fait passer son équipe avant toute chose et ne pense pas forcément à lui-même. Le manager bienveillant sait bien manager son équipe, mais il se pose rarement la question de son propre bien-être, pensant que ce dernier se nourrira de celui de son équipe.
Le manager bienveillant 2.0	Il se considère comme l'égal de son équipe, en toutes choses, y compris quand il s'agit de bien-être. Il est conscient de ses limites, aussi bien physiques qu'intellectuelles, et il s'appuiera toujours sur le collectif plutôt que d'essayer de faire « à la place de ». Il a profondément conscience qu'il ne sauve pas quotidiennement des vies et met son travail à sa juste place.

POUR ALLER PLUS LOIN

DIX HABITUDES À PRENDRE POUR RENDRE VOTRE VIE PLUS AGRÉABLE

La période est anxiogène. Quand les mauvaises nouvelles semblent s'ajouter aux mauvaises nouvelles, deux attitudes s'offrent à nous : être fataliste et ne rien faire en attendant la prochaine mauvaise nouvelle ou agir à notre niveau. Certes, nous ne pouvons pas faire disparaître d'un claquement de doigts le coronavirus ou transformer tous les extrémistes et ceux qui s'attaquent à nos valeurs, mais nous pouvons faire en sorte que, individuellement, notre quotidien soit moins source de stress.

Je vous rassure, il ne s'agit pas d'une recette miracle qu'il suffit de suivre pour retrouver un moral à toute épreuve, mais si vous suivez un ou plusieurs de ces conseils, votre niveau d'énergie positive augmentera. Vous le constaterez bien vite.

APPRÉCIEZ CE QUE VOUS AVEZ

Au bureau, devant moi, j'ai affiché sur le mur une phrase imprimée en très grand, qui me semble essentielle : « Le bonheur, ce n'est pas d'avoir tout ce qu'on désire, mais d'apprécier ce que l'on a. » Oui, l'herbe paraît souvent plus verte dans le champ du voisin, et tant mieux pour lui ! Car, quand on y réfléchit, faire ce constat ne fait pas verdir notre herbe plus vite.

Au-delà de ces considérations, dresser la liste des choses que l'on a et qui nous font plaisir, se souvenir de temps en temps des bons moments, regarder des objets auxquels nous ne prêtons plus attention, voilà des choses qui nous permettent, surtout en ce moment, de nous rappeler que nous ne sommes pas si malheureux que cela.

APPRÉCIEZ L'INSTANT PRÉSENT

Le principe même du passé, c'est que vous ne pouvez pas le changer. Le principe de l'avenir, à moins d'avoir des dons de voyance, c'est que vous ne pouvez pas savoir de quoi il sera fait. Nous aimons parfois être nostalgiques d'un passé supposé meilleur, et nous apprécions également de nous projeter dans l'avenir en nous disant « demain, ça ira mieux ». Notre seule certitude, c'est l'instant présent.

Profiter du présent, c'est essayer de tirer le meilleur de l'instant sans parier sur l'avenir. Chaque minute a son importance. Si parfois vous êtes nostalgique ou espérez un meilleur avenir : agissez maintenant.

PRENEZ CONSCIENCE QUE VOTRE POINT DE VUE N'EST PAS LE SEUL

Parfois, nous nous battons pour des idées comme si notre vie en dépendait. Sur certains sujets, nous pouvons même être convaincus de détenir LA vérité. Être manager, ce n'est en aucun cas être omniscient, et la crise que nous venons de traverser nous l'a bien montré.

En fait, être manager, c'est un petit peu comme être, tous les jours, sélectionneur de l'équipe de France de football. Vous devez faire des choix, indépendamment de l'opinion des autres. Il y a des sélectionneurs péremptoires qui n'écoutent personne et finissent par être détestés ; et d'autres qui, plus à l'écoute, arrivent à intégrer divers points de vue pour en créer un nouveau.

TENTEZ DE NOUVELLES CHOSES, QUITTE À VOUS PLANTER

Nous pouvons parfois avoir le sentiment de tomber dans un train-train quotidien un tantinet lassant. Et quand cela arrive, nous sentons bien que notre énergie est de moins en moins forte. Si c'est à cause du travail, nous pouvons bien entendu en changer, mais ce n'est pas toujours aussi simple. Essayer de nouvelles choses, ça, c'est facile.

Dessiner, écrire, pratiquer un sport différent, cuisiner… choisissez ce que vous voulez tant que c'est nouveau et que ça nourrit votre ego.

> COMMENCEZ PAR CHANGER EN VOUS CE QUE VOUS VOULEZ CHANGER AUTOUR DE VOUS.
>
> Gandhi

DITES AUX PERSONNES QUE VOUS APPRÉCIEZ… QUE VOUS LES APPRÉCIEZ

On ne va pas se mentir, au travail, il y a des personnes que l'on apprécie et d'autres moins. Il est important de verbaliser ce que vous ressentez. Pour les personnes qui entrent dans la première catégorie du moins. S'entendre dire des choses agréables est toujours bienvenu.

Pour vous également. Quand on fait plaisir à quelqu'un, quand on envoie des ondes positives, dans 99 % des cas, elles nous reviennent en boomerang.

FUYEZ LES GENS TOXIQUES

Classons les personnes au travail en deux catégories :

- Celles avec lesquelles vous ne travaillez pas directement. Là, c'est simple, ne prenez pas de café, ne déjeunez pas avec elles, ne nourrissez pas leurs discussions en devenant petit à petit vous aussi toxique.
- Celles avec lesquelles vous travaillez directement. Moins simple, mais vous pouvez et devez agir. Si c'est votre manager, il est fondamental de ne pas considérer la situation comme une fatalité. Si c'est un collègue, prenez votre courage à deux mains et parlez-lui en toute transparence, sans agressivité avec des phrases comme « Écoute, j'adore travailler avec toi, mais la façon dont tu me parles parfois me dérange, pourrions-nous en discuter ? » ou encore « J'adore travailler avec toi, j'espère que tu le sais, mais tous les ragots que tu me rapportes me dérangent ; penses-tu que nous pourrions essayer de ne plus en parler ? »

SUPPRIMEZ TOUTES VOS ALERTES

Saviez-vous que lorsque vous êtes concentré sur un dossier et qu'un pop-up vous annonce l'arrivée d'un e-mail ou qu'un SMS fait vibrer votre téléphone, vous perdez immédiatement votre concentration et vous mettrez quinze minutes à récupérer ?

Nous vivons une époque où nous avons le sentiment d'avoir de moins en moins de temps à notre disposition. Et ce sentiment est la première cause de stress au travail. En supprimant toutes vos alertes, vous (re)devenez maître de votre temps : vous lirez vos e-mails quand VOUS le déciderez, pas quand l'expéditeur l'aura décidé.

RÉAPPRENEZ À DIRE « NON »

J'ai beaucoup écrit à ce sujet, mais cela me semble particulièrement à propos dans le cadre de ce livre. Nous pouvons avoir l'impression que dire « oui », c'est le meilleur moyen de se faire apprécier, de passer pour un vrai pro. Sauf qu'à force de dire « oui » à tout, nous finissons par ne plus faire attention à nous.

Apprendre le « non positif » offre des avantages des deux côtés. Le « non positif », c'est le fait de remplacer un « non » sec, par un « non, je ne peux pas à l'instant, mais si tu le souhaites, je peux demain, avec plaisir ». En fait, cela revient à remplacer une porte claquée sur le nez par une porte ouverte.

AMUSEZ-VOUS UNE FOIS PAR JOUR

Nos vies sont sérieuses, trop sérieuses. Retrouver son âme d'enfant, une fois par jour, ça fait un bien fou au moral. Choisissez ce que vous voulez : sauter à pieds joints dans une flaque d'eau, regarder un film comique, lire un livre drôle, demander à vos enfants de vous raconter leur meilleure blague... Un éclat de rire par jour, et vous verrez que, même quand la journée ne prête pas à sourire, vous ne peindrez plus tout en noir. Toutes les études l'ont montré, le rire est (très) bon pour la santé.

SUPPRIMEZ LES ÉCRANS DANS VOTRE LIT

Avant de terminer ce livre, voici un conseil pour que vos nuits soient plus douces. C'est prouvé, regarder un écran (Smartphone, téléviseur, ordinateur) avant de s'endormir perturbe grandement l'endormissement et la qualité du sommeil. Il y a l'effet des écrans sur le cerveau, mais aussi celui du stress quand on jette un petit coup d'œil à ses e-mails avant de dormir.

Petite suggestion complémentaire… Achetez un réveille-matin pour pouvoir laisser votre téléphone portable en dehors de votre chambre. Cela vous évitera de vous réveiller en regardant vos e-mails professionnels.

Alors, sur les dix, combien en suivez-vous déjà ? Le bien-être ne passe pas que par de grands changements complexes. Ce sont souvent de petites choses qui peuvent vous pourrir la vie, ou vous la rendre meilleure. Le tout est d'en avoir conscience et d'agir car c'est en agissant que les choses changent.

ÉPILOGUE

ET SI NOUS CHANGIONS NOTRE POINT DE VUE ?

Comme déjà évoqué, nous sommes beaucoup plus sensibles au négatif qu'au positif ; c'est dans notre nature. Et dans la période que nous traversons depuis 2020, notre côté négatif a été gâté ! Le management bienveillant 2.0 permet, je crois, de lutter contre cette réalité.

Changez votre regard sur le monde, vous changerez votre rapport aux autres. Facile à dire. Il y a quelque temps, j'ai découvert la psychologie positive, et cela a changé ma vie. Cette science existe officiellement depuis 1998 et le congrès annuel de l'Association américaine de psychologie, et a été créée par son président de l'époque, Martin Seligman. Attention : ne pas confondre la psychologie positive avec la pensée positive. Cette dernière, élaborée en 1952 par le pasteur Norman Peale, n'est pas une science mais s'apparente à la méthode Coué d'autosuggestion. Selon la pensée positive, en pensant que tout va bien, les choses s'améliorent. L'idée de la psychologie positive, c'est de lutter contre notre nature profonde. Concrètement, toute émotion négative ne peut être atténuée que si trois émotions positives sont provoquées. C'est ce qu'on appelle le biais négatif. La psychologie positive permet de lutter contre cet état de fait en prenant conscience que nous sommes entourés de positif sans nécessairement en avoir conscience.

> **UNE PERSONNE OPTIMISTE NE REFUSE PAS DE VOIR LE CÔTÉ NÉGATIF DES CHOSES ; ELLE REFUSE DE S'ATTARDER DESSUS.**
>
> Alexander Lockhart

PRENDRE CONSCIENCE DU BIAIS NÉGATIF… ET EN RELATIVISER L'IMPORTANCE

Ce biais négatif induit toujours un certain nombre de nos comportements. Voici une liste non exhaustive des conséquences au quotidien de ce biais :

- Notre façon de parler. Dire par exemple « c'est pas moche » au lieu de « c'est beau », « c'est pas mal » au lieu de « c'est bien ». Selon notre façon de nous exprimer, nous regardons une même réalité de deux façons différentes…
- Notre façon d'envisager le pire sans forcément estimer que le meilleur est une possibilité.
- Ne pas (plus) voir tout le positif qui nous entoure. Au même titre que le poisson n'a pas conscience de la chance qu'il a d'être dans l'eau, nous prenons comme étant normales des choses qui ne le sont absolument pas. C'est le cas de notre système de santé par exemple.

RÉAPPRENDRE À RECONNAÎTRE NOS ÉMOTIONS POSITIVES

Mon premier ordinateur portable, en 1990, n'avait pas de disque dur et fonctionnait uniquement sur disquette, un objet que les moins de 30 ans ne peuvent pas connaître. Aujourd'hui, mon téléphone portable est mille fois plus puissant que cet ordinateur. Quel rapport avec nos émotions ? Nos sociétés sont dans la logique du toujours plus. Je serais terriblement déçu si, aujourd'hui, je devais travailler sur cet ordinateur qui me satisfaisait pleinement en 1990.

Il en va de même avec nos émotions positives. Plus nous vieillissons, plus nous en demandons. Enfant, un biberon de lait et des chatouilles sur le ventre suffisaient à nous rendre heureux. Logiquement, nos besoins évoluent avec l'âge. Cependant, nous ne reconnaissons plus comme des émotions positives des émotions qui le sont pourtant.

Barbara Fredrickson, une psychologue américaine qui enseigne au département de psychologie de l'université de Caroline du Nord, a identifié dix émotions positives principales :

- la joie
- la reconnaissance/la gratitude
- la sérénité
- l'intérêt/la curiosité
- l'espoir
- la fierté
- l'amusement
- l'inspiration
- l'admiration
- l'amour

Partons du fait que des vaccins ont été découverts et essayons de voir combien d'émotions positives cela peut provoquer :

- La joie : en mai 2020, on nous annonçait un vaccin dans quatre ans, il y a de quoi se réjouir ;
- La reconnaissance : on ne peut qu'être reconnaissants envers tous ces chercheurs qui se sont mobilisés mondialement, y compris envers ceux qui n'ont rien trouvé ;
- La sérénité : le monde est tout de suite moins incertain ;
- L'intérêt : mais... comment ont-ils réussi cet exploit... ? Je dois le savoir !
- L'espoir : la pandémie va peut-être prendre fin ;
- La fierté : la résilience de l'humanité est incroyable ;

- L'amusement : tous ces scientifiques qui nous expliquaient en juin 2020, en nous prenant de haut, que la pandémie disparaîtrait avec l'été... Dans quelle grotte se cachent-ils aujourd'hui ?
- L'inspiration : quelle que soit la situation, y compris la plus désespérée, il y a une solution ;
- L'admiration : nos scientifiques sont incroyables ;
- L'amour : je ne sais pas vous, mais nos soignants et nos chercheurs, je les aime.

À partir d'un seul et unique événement, toutes nos émotions positives peuvent être activées, et le simple fait d'en prendre conscience a un impact sur notre moral.

Prendre le temps d'analyser certaines situations en oubliant notre biais négatif, cela fait un bien fou. Et comme vous pouvez le constater, il ne s'agit pas de se mentir à soi-même ou d'ignorer la réalité ; il s'agit de faire un petit peu d'introspection afin de mieux décoder la façon dont nous fonctionnons. Se (re)connecter à ses émotions positives est le meilleur moyen, in fine, de se sentir bien avec soi-même. Bien entendu, cela ne fera pas disparaître comme par enchantement nos émotions négatives. En revanche, cela détruira petit à petit notre biais négatif qui nous pousse à systématiquement voir le verre à moitié vide plutôt que celui à moitié plein. Ça vaut le coup... non ?

Je ne sais pas si le management bienveillant 2.0 est la réponse définitive que je cherche depuis des années à toutes les problématiques relationnelles en entreprise, mais j'ai une conviction : si vous appliquez tout ce que j'ai exposé dans cet ouvrage, votre équipe vous en sera très très reconnaissante !

REMERCIEMENTS

Merci à ma famille, ma chère famille : ma mère, mon épouse Vanessa, sans qui rien de tout cela ne serait jamais arrivé, mes enfants à qui j'essaye de transmettre des valeurs de bienveillance qui me semblent essentielles tout au long de notre vie, et qui grandissent avec celles-ci et les appliquent parfaitement.

Merci à mon agent, Gregory, qui me prouve une fois de plus que les hasards de la vie sont formidables et, bien entendu, à toutes les équipes de First : Sandra, Abigaïl, Pierre-Olivier (oui... je compte sur toi !), Marie, Jade et... bien entendu, celle sans qui rien de toute cette aventure qui fait que ce livre est mon douzième : Aline ! Je n'aurai jamais de mots assez justes pour dire à quel point une rencontre peut tout changer.

Bref... à toutes ces personnes : MERCI !

NOTES

....

....

....

....

....

....

....

....

....

....

....

....

....

....

....

....

....

....

....

....

....

....

....

....

....

....
....
....
....
....
....
....
....
....
....
....
....
....
....
....
....
....
....
....
....
....
....
....
....
....